Why grow up?
为什么长大

Susan Neiman
[美]苏珊·奈曼 著
刘建芳 译 刘梁剑 校

上海文艺出版社
Shanghai Literature & Art Publishing House

Copyright © Susan Neiman, 2014

First published in Great Britain in the English language by Penguin Books Ltd.

All rights reserved.

Simplified Chinese edition copyright © 2016 by Shanghai

Literature & Art Publishing House

Published under licence from Penguin Books Ltd.

Penguin and the Penguin logo are trademarks of Penguin Books Ltd.

封底凡无企鹅防伪标识者均属未经授权之非法版本。

哲学在途

　　这套小而易读的丛书,由当世顶尖哲学家执笔,是各人依自己专长的思想领域,择定主题,交出最精当、最生动也最富启发的哲学答卷。

　　丛书的每一主题都发端于哲学史,裹挟着先哲赠予的丰厚思想遗产,来到今日思想论争的风眼。在这个悬浮变幻时代,真理意味着什么?瞬息更迭的电子资讯是否颠覆了我们对自我的意识?当爆炸性的事件发生时,发生的到底是什么,且在日复一日的生活洪流里,真的时刻都有新的事件发生吗?如果成年意味着放弃自己的希望和梦想,意味着妥协和屈从,接受既定现实的限制,为什么要长大?

　　频繁迭代的生活方式早已全面改变了我们对诸如真理、自我这样一些最基本问题的想法,身处其中的我们可能习焉不察。本套丛书里哲学家们用各种各样的交通工具(无论真实还是虚拟)作为思想的起始站,带领读者游历与审视现代生活变动永无停歇的实境。

献给利拉(Leila)

目 录

1　　　**导言**

19　　**一、先哲的思考**
19　　　　可能世界
29　　　　何为启蒙？
45　　　　打破枷锁

79　　**二、幼年、童年、青年**
79　　　　出生这件事
93　　　　别再被愚弄了
112　　　　不满足的心灵

131　　**三、成年**
131　　　　教育
150　　　　旅行
167　　　　工作

189　　**四、为什么要成长？**

导　言

不是只有彼得·潘才对成年的前景感到焦虑不安。① 的确,我们显然可以说彼得·潘是我们这个时代的符号,迈克尔·杰克逊则近乎完全是彼得·潘的翻版。人们普遍认为成年就意味着放弃自己的希望和梦想,接受既定现实的限制,屈从于生活,尽管它远不如起初所想象的那样刺激、有价值或有意义。在自传第三卷的篇末,西蒙·德·波伏娃回想到世界上的事物她几乎都见识过了:"京剧、韦尔瓦竞技场(Huelva)、瓦德沙丘(El Oued)、普罗旺斯的拂晓、卡斯特罗面对五十万古巴民众的演说、列宁格勒的白昼夜和比雷埃夫斯(Piraeus)上空金黄的圆月。"她周游世界。在她那个年代,环球旅行绝非像我们现在这样司空见惯。不仅如此,在她身上

---

① 苏格兰作家巴里(James Matthew Barrie,1860—1937)于 1904 年创作了著名的戏剧《彼得·潘:不愿长大的男孩》(*Peter Pan: The Boy Who Wouldn't Grow Up*)。——译注

各种爱情和友谊,各种有意义的工作以及由此而来的赞誉,都和她去过的地方一样不胜枚举,绚丽多彩。很难想象还有人能比她生活得更充实,更不虚度。然而,当她回顾那个曾经的自己,那个"凝视着脚下的金矿:有整整一辈子可以过"的女孩,总结她那令人羡慕的旅行清单,得出的结论却是,她被欺骗了。有些作家说如今几乎没有人**想要**长大。但如果成年意味着在最坦诚的时刻感觉到被欺骗了,谁能指责那些不想长大的人呢?

哲学能帮我们找到一个与屈从无关的成熟模式吗?(郑重声明:我手头的《牛津同义词词典》[Oxford Thesaurus]可是把"哲学的"[philosophical]列为"屈从"[resignation]的同义词。)我相信哲学能做到。而且,最好从康德的描述开始:在《纯粹理性批判》一书中,理性最终达到成熟。读者如果不想理睬这个建议也是可以理解的。《纯粹理性批判》(1781年)一经出版就成为现代哲学史上最重要也是写得最糟糕的一本书。康德自己也说它过于枯燥冗长,同时不无心酸地补充道,"不是所有人都能像休谟那样文笔细腻雅致,也不是所有人都能像摩西·门德尔松(Moses Mendelssohn)那样文笔深刻优美"。确实如此。伯兰特·罗素并非唯一一个承认读着读着就睡着的人。然而,坚持看完的人会发现康德的成长模式非常引人入胜。

理性在幼年期是独断论的。小孩子往往认为他们得到的是绝对真理。什么样的视角会让他们质疑这一点呢?遭受过父母或教父式权威虐待的人需要很多年才意识到虐待并非世界上理所当然的东西——如果他们能够意识到的话。在较为愉快的情形下,孩子的每一步看起来都在确证他自己的能力和那个起初看起来非常神秘的世界的透明度。她认识到勺子(拨浪鼓和布丁)从手里脱落时总是往下掉而不是往上飞,而皮球(小卡车和小猫咪)之类的东西即使跑到窗帘背后也还在那里。她的能力与日俱增,世界变得越来越可理解。她为什么不能断定这两者都是无限的呢?每天她都在多认识一点事物,每天都在她的世界里揭开一个新的秘密。在小孩子身上似乎印证了17世纪哲学家、十足的乐天派莱布尼茨提出的独断论形而上学:只要给我们足够的世界和时间,就能够弄清一切——并且能够领悟到我们所处的世界是所有可能世界中最美好的。不然怎么说得通呢?

理性的下一个阶段是怀疑论,虽然"青春期"这个词不是在康德的时代出现的,但康德描述了青春期的所有症状:随着青少年发现世界不是它本来应该有的样子,他们的内心交织着复杂的失望与兴奋。父母和老师即便处于最佳状态(我们鲜能如此)也会有缺点。(和其他人一样,为人父、为人母或为人师者也经历过青春期。)他们知道的没有我们想象的多,能提供的解决方法也没有我们期望的多。即使他们没有撒谎,也不会告诉我们他们拥有的全部;他们试图用错误的方式庇护我们,因此也无法用正确的方式保护我们。他们在过去时代自然而然养成的习惯和形成的信念使我们尴尬;他们批判自己不理解的事物,停留在过去,跟不上时代变化。为什么我们不能下这样的结论:我们从他们那里学到的任何真理和规则都会误导我们,甚至关于真理和规则的观念本身就应当消停安息?难道我们不应该从对世界的无限信任转到无限的不信任吗?

康德说这一阶段比睁大眼睛轻信世界的理性童年时期更加成熟,因此是必要的、有价值的。(当然,他没有抚养过一个青春期的孩子。)但是,从无限的信任到持久的不信任,这一急剧转变并不意味着已经成熟。毫不奇怪,康德用成熟比喻自己的哲学,它使我们有智慧在盲目接受和盲目拒绝一切我们被告知的事物之间找到一条道路。成长意味着承认贯穿于我们生命始终的不确定性;甚至成长意味着,明明生活在不确定之中,却认识到我们必然会继续追寻确定性。这样的观点容易描述,却很难一贯地坚持,不过,谁说成长是件容易的事呢?

这些问题乍看起来不难,但很乏味。更糟糕的是,听起来无可奈何。就像一个心怀好意的胖大叔告诉你生活不如童年时想象得那么奇妙,也并非如青春期想象得那么糟糕,是时候你该打起精神,尽可能地过好生活了。然而,除此之外,你还可以从这样一套立场说辞中得到什么呢?它是陈腔滥调,虽然没有错,却不值得为此奋争。为什么不索性跳过康德去听滚石乐队呢?有时候,如果试一试,就会找到你所需要的。说一说心怀好意的大叔吧:康德的生活看起来可不像是你所期望的成年典范。他一生从未去过离出生地四十英里以外的地方,打了一辈子光棍,甚至唯一一则与他的爱情有关的传言也未得到证实。他成年后的生活只是日复一日地讲学、钻研学术、写作。他的生活如此严格,如此规律,所以据说他的邻居会根据他每天为保养自己虚弱的身体而出门散步的时间调校时钟。诗人海因里希·海涅(Heinrich Heine)甚至夸张地说,康德的生活史三言两语就讲完了,因为他没有生活也没有历史。

然而,海涅也说康德是一位反叛者,他所掀起的滔天风暴让法国革命家罗伯斯庇尔(Robespierre)也黯然失色。不仅海涅,比康德稍晚的同时代人大都这么认为。如果我们看一看康德关于成熟最有名的讨论,就知道为什么他得到了如此高的评价。这是启蒙时代早期最著名的论文了。在《何为启蒙?》(1784年)里,康德把成熟定义为理性将自己从自我招致的不成熟状态中解放出来。我们选择不成熟是因为我们既懒惰又害怕:让别人替你做决定要舒服得多!"如果有一本书照顾我的理解力,一位牧师照顾我的良心,一位医生规定我的饮食,我丝毫不用自己费劲。只要我能付钱,我就不需要思考,别人会帮我打理一切事务。"(没错,康德为《柏林月刊》[*Berlinische Monatsschrift*]——相当于18世纪的《纽约书评》——撰稿时居然也采用了直白的语句。)康德这个没有孩子的男人讨论了孩子是如何学会走路的。他对此的熟悉程度令人吃惊。要学会走路,孩子们必须跌跌撞撞、摸爬滚打,但是如果为了避免他们碰伤而把他们放在婴儿车里只会使他们停留在婴儿状态。康德所批判的,不是对孩子过度保护的母亲而是有意阻止公民自己独立思考的独裁国家。国家的控制欲与我们对舒适的渴望使社会避免了冲突,但这样的社会并非成年人的社会。

成长更多地关乎勇气而非知识:世界上所有的知识都无法代替你运用你自己的判断力的勇气。而判断力是可以学到的——主要通过观察他人如何很好地运用判断力而为自己积攒经验——但我们无法教会一个人如何运用判断力。判断力至关重要,因为真正触动我们的问题不可能通过遵循某一规则找到答案。我们需要勇气去学会相信自己的判断力,而不是依赖国家、邻居,或者喜爱的电影明星他们的判断力。(当然,国家、邻居和喜爱的电影明星也可能是对的,好的判断力要求你识别对错。)更重要的是,我们需要有勇气去接纳贯穿我们生命始终的裂缝,因为不管生活多么美好,裂缝总是存在:理性的理想告诉我们世界应该是什么样子;经验却告诉我们现实往往不是理想的样子。长大需要我们面对两者之间的鸿沟——两者都不放弃。

我们大多数人容易放弃这个或那个。坚持童年时想法的人一生都在否认世界与他们恪守的信念不一致。这样的例子很多(我们会想到某些传道士和政治家)，但时下更常见的还是深陷青春期困境的人。这个世界呈现出来的样子不符合他们的理解或理想？和理想世界之间的落差更大。在一个理想无用的世界里，坚持理想成了失望甚至耻辱的根源。彻底放弃理想远比遭受希望破灭的痛苦要好得多；直面深度腐朽的现实比沉湎于幻想要勇敢得多。

这样的立场并没有你想象得那么勇敢，因为它只要求得到一点点文雅体面的样子。懂得理想和经验对我们有同等的要求，则需要更大的勇气。成长意味着尊重并尽自己最大的努力达到这些要求。尽管知道自己永远不可能完全成功，但不会屈从于教条，也不会绝望。只要你活的时间足够长，教条与绝望总会诱惑你。尽自己最大的努力使周遭的世界更贴近应然，但也不忽视它的真实面目，这是成年人应该做的事。如果碰巧有个胖胖的大叔告诉你这些，你就非常幸运。

关于理性，暂且就先谈到这里。现代西方哲学有少量珍贵的共识，其中之一就是理性与经验在知识的学习中都很重要。这里康德又是关键性的人物。理性主义者如笛卡尔指出我们的感官如何蒙骗我们,认为唯有理性才是可靠的,才会告诉我们世界真实的样子。难道物理学没有发现诸如颜色之类的东西只是事物的属性而非本质的一部分?难道数学没有公布宇宙的深层次奥秘?相反,经验论者如洛克把心灵叫做"tabula rasa",即等待书写经验的白板。洛克的继承者休谟甚至进而宣称理性是缺乏动力的。今天大多数哲学家都认为,康德证明了理性与经验都是知识需要的,从而结束了长达两个世纪的争论。正如他所说,概念无经验则空,经验无概念则盲。理性与经验之争会一直存在,而且已经再度兴起,但有意思的是当代神经系统科学即使不是直接支持康德观点,也大都支持康德观点的精神。实验证明某些经验实际上会改变大脑的形状,而内在的心智框架则是经验形成的关键。理性和经验以何种方式影响长大成熟将是贯穿本书的主题。

什么样的经历是成长的关键?为了与世界相调和,你得先看清它的某些方面。尽管帕斯卡尔和老子这样的哲学家都认为足不出户你就可以学到你需要的所有知识,但很多哲学家都认为旅行至关重要。例如,康德的人类学讲座就告诉我们,如果已经事先了解自己国家的民俗,旅行便是了解人类的极佳途径。

也许你会问,等一等,你刚才不是说他从未去过哥尼斯堡(Königsberg)四十英里以外的地方吗?

不要忘记,那个年代的旅行和现在截然不同。道路泥泞崎岖,人在马车里颠簸前行,竖起耳朵监听土匪和强盗的脚步声,住在没有安全感的旅舍里一周复一周。仅仅从魏玛到西西里岛就已经是歌德非常了不起的旅程了。他和康德生活在同一个时代,同一个国家,但比康德富有冒险精神,也更幸运更年轻。然而,即便是歌德,走得更远也只能是梦想。

如果康德本人的人类学讲座声称旅行是有益的,那么道路崎岖只是一个拙劣的借口!

当然,理论和实践之间存在差距。前面那段关于旅行的文字有一个脚注,从中我们不难看出,康德因无法按照自己的建议去生活而感到羞愧——这是我在他的作品里看到的唯一一处不经意间从个人偏好出发的好玩言论:

> 一座大城市,它是一个国家的中心,该国的政府机关就驻守在那里,它拥有一所大学(旨在扶植科学),同时还有便于海上贸易的位置,这位置既有

助于通过河流与该国内陆交往,又有助于和语言风俗不同的邻国交往,——这样一座城市,例如像普列格河畔的哥尼斯堡,就可以被视为一个既扩展人类知识,又扩展世界知识的适宜之地,在此即便不去旅游也能获得这些知识。①(《实用人类学》,第4页)

这听起来很像诡辩,但是否有可能果真如此?也许在某些地方,有些人心胸非常宽广开放,不需要去很远的地方就能充实自己。也许康德就是这样的人,在屏幕上阅读这段文字的人也是。网络不是为我们提供了人类未曾想象过的空间和时间吗?如果你不把时间花在看那些色情图片和那些低级无聊的节目上,你就可以从网上获取很多有用的东西。你可以阅读全球数百家媒体的新闻,了解同样的事件是如何被人们从不同角度报道的。唉,最近的几次调研显示网络使我们更加狭隘。我们看朋友看过的博客和网站,我们的视角更受限制。但另一方面拓宽视野的可能性也很明显。我们可以瞥

---

① 译文参照康德:《康德著作全集》(第7卷:学科之争、实用人类学),李秋零译,中国人民大学出版社,2008年,第115页。——译注

一眼"阿拉伯之春"(且不管结局如何),偶尔看一下韩国说唱视频也无妨。谁知道呢?

在外语环境或另一个国家居住、尤其是工作足够长时间的人,比起一直待在出生地的人更知道他们错过了多少。即使熟练掌握了一门语言,你也无法深解那些典故隐语。以孩童的摇篮曲为例,那是你新住地的同胞们听着入睡的,并永远地印在脑海里,不可消除。你会错过笑话、精微玄妙之处和很多反语。(英语世界的鲍勃·迪伦(Bob Dylan)迷们可能会对最近一家德国女性杂志把《西班牙牛皮靴》["Boots of Spanish Leather"]评为描述异地恋的最佳歌曲表示不屑。)因此,去不同的地方旅行而不是在虚拟的网络世界里遨游常被看成是成长道路上至为关键的一步。在欧洲,穷人把儿子送去当学徒的做法现在已经很少见,但一些国家如突尼斯和菲律宾至今延续着这样的传统。今天,家境较富裕的子弟——不管来自莫斯科、北京,抑或来自伦敦、纽约——仍然被送去参加某种类似于 19 世纪"壮游"(Grand Tour)的旅行。在欧洲,它叫作伊拉斯谟(Erasmus)项目,旨在强化政治联盟;在美国则称作大三出国交流项目(junior year abroad)。

根据最近的一些研究，伊拉斯谟项目对欧洲一体化的贡献小于预期；很多学生认为，回国后感到与自己国家的关系更紧密了。但作为成长的一步，这个项目比大多数美国大学的海外留学项目好得多，即便仅仅是因为欧洲人觉得只会说一种语言是没有教养的。哈佛大学前校长拉里·萨默斯（Larry Summers）最近在接受《纽约时报》采访时说道，学习第二门语言纯粹是浪费时间，不如用来使某些可以量化的东西达到最大化。显然，对萨默斯这样的经济学家来说，语言只是收集信息的工具。在美国和在英国一样，语言能力被视作高等教育的标志，但是每位突尼斯学徒掌握的语言都比萨默斯多。一位以秘书职业的德国人很喜欢去希腊度假，因此决定学习希腊语，每次（现在是一年一次）从克利特岛旅行回来坚持去上夜校。这样的人旅行得更好吗？肯定更有深度——在很多方面也更加舒适。在监护人——可能是学校管理员、声名赫赫的会议组织者或者豪华游领队——的保护下机械地从一个地方挪到另一个地方对成长的意义不大，甚至妨碍成长，因为它造成了不需要深入其中就已经见过世面的假象。如果你不想把脚弄湿，不想把手弄脏，那还不如宅在家里。反正你上网也能看得到西斯廷教堂。

我认为,真正的旅行对成长确实至关重要,虽然它既非充分条件亦非必要条件。正如波伏娃所说,观察世界不足以使你对自己在世界中所处的位置感到满意。我们也不需要通过旅行去正式地认识不同的文化有不同的风貌。只要读一下《圣经》就可以知道,很多宗教把孩子当成祭品,直到上帝告诉亚伯拉罕不需要这么做,而一个十六岁的孩子大概不会没有听说过爱斯基摩人把老人放在大浮冰上漂走吧?这个例子可能会引起青少年的关注,他们乐于把它作为伦理相对主义的论据。但真正的旅行可以让我们深入接触另一种文化,强化我们对共性与差异的认识。甚至在使用(几乎是)同一种语言的不同文化之间,共性与差异也比我们想象得更加微妙。美国人可能痴迷于《唐顿庄园》(*Downtown Abbey*),而英国人则会为 Lady Gaga 倾倒;但在美国,医保和产假被称为福利,而在英国和大多数高度文明的国家都把它们视为权利。这些字眼可以看出人们看待公正和自由方面的差异。

正如康德所说,只有对自己的文化有所了解时,到其他文化中去旅行才有意义——反之,了解其他文化显然有助于了解自己的文化,因为你会注意到自己的文化中习焉不察的东西。我在柏林住了最初的六年后回到美国,每次打开《纽约时报》都很生气。不是因为它的报道内容而是因为它的形式。德国的报纸总是印有大量文字,有时配上图片加以说明,而美国发行量最大的报纸却理直气壮地用四分之三的版面做广告,剩下的才是新闻。我们没有想一想,它是如何将我们的注意力从波斯尼亚大屠杀转移到布鲁明戴尔百货店的促销活动的:每天早上我们看到版面比例时,谁会想到还有比促销活动更重大的事情呢? 有几个月甚至可能一年的时间里,我试图将这个事例编入我在耶鲁大学讲授的政治哲学课讲义来表达我的愤怒。过了一段时间,我又习惯了报纸的版面,不再打心眼里反感。怒气也就很快消退了。

当然,这件事只是很多例子中的一个,显示我们是如何融入社会的,而社会又如何潜移默化地塑造着我们的世界观。《彼得·潘》在第一次世界大战前夕出版并非偶然。J. M. 巴里(J. M. Barrie)能预知未来,而 A. S. 拜厄特(A. S. Byatt)的《孩子们的书》(*The Children's Book*)向我们很好地展示了今天看起来无邪的世界里最有趣的游戏背后发生了什么,这样的说法显然有点愚蠢。跟之后的时光相比,我们依然觉得19世纪末20世纪初是如此美好,甚至希望时光停滞在那里。但如果可以,还是请忘记随后而来的两次世界大战和原子弹,想一想20世纪中叶对保罗·古德曼(Paul Goodman)的经典之作《荒谬的成长》(*Growing Up Absurd*)的批判吧。我们是否已经创造了一种给成年人留有空间,使成长成为好的选择的文化?古德曼说我们还没有。他认为人成长需要的是这样一种文化,它能提供有意义的工作和一种共同体的感觉,一种相信世界会回报你所付出的努力的信心。如果商品消费而不是满意的工作成为我们文化的焦点,我们就已经创造(或默认)了一个永远处在青春期的社会。尽管古德曼在20世纪60年代颇具影响力的著作——苏珊·桑塔格称古德曼为美国的萨特——已经大部分被人遗忘,但他的很多评论在今天看来比五十年前更有道理。曾在成长观方面给予康德最大灵感、令人着迷痴狂的让-雅克·卢梭(Jean-Jacques Rousseau)更值得一提。卢梭的作品强烈控诉只是"将缚在人身上的铁链饰满花环"的文化。艺术和科学满足了我们的虚荣心,充实了我们的钱包,但没有升华我们共同的人性;因此文化扭曲了我们,驱使我们接受本该受质疑的社会秩序。社会的诱惑力太大,太具有煽动性,只有用激进的方法才能克服。卢梭的《爱弥儿》(*Emile*)——唯一一部长篇阔幅谈论成长指南的哲学书——提出的问题以及带给我们的希望会在下文细述。在探究 21 世纪是什么使得成长变得更为困难之前,我先谈谈卢梭和康德是如何设置论题的。

因为无法创造年轻人希望在其中成长的社会,我们就将年轻理想化。看到婴儿睁大眼睛,兴奋地看着一切事物,我们羡慕他们的坦率、天真,却忘记了成长的每一步,从站立到能画人物线条,都伴随着恐惧与挫败感。最有害且广为流传的理想化观点是认为人生最美好的阶段是 16 岁到 26 岁之间。这十年间男人肌肉最发达,女人肌肤最光滑。这是由荷尔蒙引起的,进化论生物学家可以解释其原因。但是,不管你的基因如何,你的目标不是增强生殖能力。把一生中最困难的阶段描述成最美好的时光,使正处于这一阶段的年轻人更加难熬。**(如果我已感到心力交瘁、恐惧万分,我还能指望将来吗?他们都告诉我,以后的日子只会越来越糟糕。)** 这是关键所在。把人生描述成一个下沉式的过程,将会使年轻人对生活无所期望,也无所要求。

本书将会讨论我们对世界是怎样(实然)与世界应该是怎样(应然)这两者的理解,是如何受到各种经验的深化或阻碍的。本书认为,成长本身就是一大理想——一个很难完全实现但绝对值得为之奋斗的理想。

一、 先哲的思考

可 能 世 界

我们完全可以问:像成长这样复杂多样的过程,哲学究竟能说多少? 哲学家探讨一般真理——有些哲学家仍在探索必要或普遍的真理,但是,我们只要有一丁点经验就可以知道,成长是一件非常具体的事。萨摩亚人的成长与南安普敦人的成长不同,甚至在一种文化内部,过几十年也会不一样,过几百年更是面目全非了。法国历史学家菲利普·阿利埃斯(Philippe Ariès)认为,中世纪早期欧洲人没有童年的概念;直到 12 世纪,儿童的受关注程度提升,才有资格进入画作,但即便如此,他们也只是被画成小大人,他们的特征或表情完全是大人的样子。后来的历史学家批评阿利埃斯过于草率地从肖像研究得出概念性结论,但他最重要的洞见依然是站得住脚的:不管中世纪的欧洲人有什么样的儿童概念,它一定和我们的不一样。如果我们仔细观察画作,甚至可以问阿利埃斯的儿童概念是否与我们现在的儿童概念一致。他在 1960 年撰写极具原创性的著作《儿童的世纪》(*Centuries of Childhood*),当时他是否会想到我们今天悠然自得地录制并分享着大量的婴儿视频? 除了少数社会科学家以外,这些视频大概只对孩子的祖父母或者他将来的未婚妻有意义吧?

这样做之所以可能,当然是因为很多事情已经发生改变,但最大的改变莫过于,在关于童年的看法上,现在人们开始想当然地认为孩子会活过婴儿期。17 世纪的法国孩子熟悉生死,就像他们熟悉性一样。这种情形不是只发生在全家只能在一个房间里生活的农舍。御医艾罗阿尔(Héroard)的日记有这样一则观察记录:未来的路易斯十三世一岁时,"保姆用手指拨动他的小鸡鸡,他笑得喘不过气来。如此玩弄颇具诱惑力,小孩毫不迟疑地就自己学着做了。他叫住一位侍者:'嘿,过来!'然后撩起衣裳展示自己的小鸡鸡……他兴高采烈地让每个人亲他的小鸡鸡"(《儿童的世纪》,第 100 页)。

过去几十年里,性虐待一直被忽略,现在我们拼命去弥补,但最好谨记不是所有对儿童性方面的关注都是虐待。在现代法国早期,上面提到的行为在人们看来是很正常的。孩子到了七八岁,人们才期望他们稳重地对待性方面的事情。这完全不同于维多利亚时期人们对儿童天真无邪的期许,也完全不同于今天热切关注的性侵或男色。我们不禁要问,在这三个时期,拥有一个孩子的身体是不是同一回事。

在一个重视教育,把孩子与大人分开,送到所谓学校的新机构的世界里,拥有一个孩子的心灵的意义已大不相同。在欧洲中世纪早期,大多数儿童只要长到能够擦地板就被吸纳到了成年人劳作的世界。男孩应当与成年人分开,享受或忍受一段时期的教导,这个做法始于17世纪,由此引发了认为儿童期是一个长时段的现代观念。与被送到学校去的孩子相比,女孩与穷人家孩子的童年依然很短暂。即使对于上学的孩子,我们肯定也思考过,在学童这个年龄段为什么有相似的行为,即,他们经常拿起武器忤逆老师。例如,1649年在法国一个叫做迪(Die)的地方发生了一件事:

> 学习逻辑的学生在学校内部设置障碍,阻止老师和其他班的学生进来,用手枪射击,弄脏第一个和第三个教室的讲台,把第二个教室里的凳子扔到窗外,撕烂课本,最后从第四个教室的窗户爬出来。

(同上书,第318页)

阿利埃斯告诉我们,大的学校暴乱,在法国17世纪晚期就结束了,但是在英国一直持续到19世纪。当时有学童放火烧了书和课桌,退到一个小岛上,当局派了军队才将他们制服。当时人们对儿童、青年以及随后的成年的理解与我们不同:

> 取得人生的成功不是指发大财,至少这是次要的;首先要在一个大家抬头不见低头见的社会里获得荣誉和地位。(同上书,第376页)

做一些类比总是有可能的——我们可能会想到facebook上的某些行为方式。但是,即便从上面这几个例子我们也可以看得很清楚,现代早期的生命周期概念不同于我们今天习以为常的理解。特别值得注意的是,当代历史学家已经指出,无忧无虑的童年这一想法就是一个现代观念。除了偶尔用充满爱的字眼描写母亲以外,从希腊到中国几乎没有一位古典作家说过他的童年是金色的,也从未表达过对童年的怀念或渴望。[1] 17世纪

---

[1] Peter N. Stearns, *Childhood in World History* (Abingdon: Routledge, 2011).

的法国哲学家笛卡尔认为,人类的不幸源自我们的生命始于儿童期。

在世界的另一端,更为晚近的美国人类学家玛格丽特·米德(Margaret Mead)针对萨摩亚青春期少女的研究表明,她们正在享受一生中最美好的时光。米德想表达的意思正是如此。在她撰写《萨摩亚人的成年》(*Coming of Age in Samoa*)的时候,孩子们大部分时间都用来照看婴儿。从五六岁开始,萨摩亚女孩常常背着一个婴儿;男孩八九岁之前也要帮着照顾更年幼的孩子。男孩女孩照看婴儿的主要任务是让婴儿保持安静,不要让大人听到婴儿的哭闹声。伴随着孩子成长的,是"烧火、点烟斗、倒饮料、点灯、哄哭闹的婴儿,以及大人们变化无常的差遣——这些让孩子们从早忙到晚"(《萨摩亚人的成年》,第21页)。

米德写道,如果萨摩亚人的家庭小一点,这一模式会使人们分化为两大群体:完全牺牲自我的人和专横跋扈的人。

> 但是,待孩子稍长,他的主观意志难以克制,比他小的孩子就要接替他的活。整个过程不断重复。每个小孩对比他年幼的小孩负有责任,由此,他就

被规训和被社会化。(同上书,第19页)

自从政府设立学校之后,萨摩亚人的家庭结构发生了根本的改变。我们很容易同情那些在米德研究的时代不能摆脱劳作的孩子。在我们看来,免于劳作之苦才算得上拥有童年。但是,萨摩亚孩子拥有对社区作出有意义的贡献的经验,这显然是我们的孩子所欠缺的。我们的孩子模仿大人的行为,摆弄玩具娃娃和玩具茶具;萨摩亚女孩照看小弟弟,这事关重大,因为这样她的母亲就可以在尚未怀孕的时候出海打鱼或在田间劳作。我们的孩子有一段长长的没有责任的时期,而这段时期的意义在于做好准备——对孩子的评价取决于他们在那些为未来真正的任务做准备的考试中的表现,而真正的任务跟它们往往毫无关系——萨摩亚孩子在做一些很重要的事情,而且他们知道这一点。米德指出,这使得萨摩亚人的生活比我们的具有更大的凝聚力。当然,我们不应当错误地认为,米德的看法是为以下现象辩护:如今,特别是在亚洲和非洲,仍有成千上万的儿童被迫在恶劣的条件下劳作。米德的看法只是呼吁我们认真思考我们认为理所当然的事情。

然而,进入青春期以后,萨摩亚少女从指派给小孩子的单调枯燥的劳动中解放出来,一直到婚姻带给她们新的责任。在这期间,她们做些编篮子之类的轻松工作,在月光下与可能赢得她们芳心的青年幽会。萨摩亚的性爱技巧在于如何取悦没有经验的少女,因此这样的幽会是甜蜜的,她们极少出现(我们大多数人都经历过的)初次的剧痛。她们可以拥有很多情人,与情人的关系也往往很短暂。在萨摩亚人看来,《罗密欧与朱丽叶》是滑稽可笑的。米德意识到她所描述的萨摩亚文化缺乏一个我们很可能怀念的维度:

> 爱与憎,嫉妒与仇恨,悲伤与丧亲之痛,这一切都只是几个星期的事情。孩子出生后几个月就被漫不经心地从一个女人的手上交到另一个女人手上,打那时起,他们就开始懂得,不要对某个人太在乎,不要对某种关系抱太高的期望。(同上书,第138页)

她还特别强调,萨摩亚文化中避免危机与冲突的方式对于从童年到成年的过渡期来说是自然的。萨摩亚少女在感到迫切需要时可以自由地探索身体的欲望;如果与父母意见不合,就收拾席子和蚊帐搬到附近的亲戚家去住。萨摩亚女孩经历

> 与我们的女孩一样的生理发育过程：长出乳牙，掉乳牙，长出恒牙，长高变丑，随着初潮进入青春期，逐渐达到生理上的成熟，为孕育下一代做好了准备。（同上书，第135页）

然而，这一生理发育过程并没有伴随着所谓的典型青春期心智情感综合征：失望如潮水般涌来，愿望如紧绷的弦一碰就断，在崇高的理想主义和愤世嫉俗之间摇摆不定，感到绝望，常常在寻找自我的过程中无助地坚持己见。

比起阿利埃斯的书，米德的书更是一部20世纪的经典，因此它也像前者那样受到了专业眼光的审查，结果发现其中有些部分存在误读和错谬。经验研究本性如此：你可能会弄错。但不管其中包含多少误读，这两本书的重要性不会改变，而且一直会启人深思，因为它们都包含了我们可以称之为哲学的深刻道理。童年是不确定的，人生的其他阶段也是如此。这个道理不限于历史学或人种学的兴趣。既然人生的道路是不确定的，那么我们就可以自由地选择道路。至少在原则上是这样的。

以上简略介绍了阿利埃斯和米德这两种关于童年

与青春期的著名论述。它们提醒我们,成长在不同的地方不同的时代可能迥然不同。甚至,时空上的微小变量就会产生不同的世界。例如,苏联初期的教育很先进,连美国哲学家杜威(John Dewey)都感到欣羡不已;但是,短短十年之后出生的孩子就得遭遇斯大林主义所带来的僵化的独裁主义氛围,苏联的学校和其他机构都不能幸免。① 甚至在较相似的社会里,人们关于童年的设想也可能大相径庭。1998年,我无意间听到7岁双胞胎女儿的谈话时发现了这一点。当时我们住在以色列的特拉维夫(Tel Aviv),住在马萨诸塞州的嫂子老早就计划带儿子过来玩,但美国国务院发出警告,禁止去以色列旅行,所以最终没有成行。两个孩子的表哥就来不了了。我不记得是双胞胎中的哪一个先知道这一令人沮丧的消息然后跑去跟另一个说的。

"怎么了?"刚刚听到消息的女儿问,"他病了吗?"

"他很好,"另一个说,"这跟萨达姆·侯赛因有关。"

"和萨达姆·侯赛因有什么关系呢?"

---

① Catriona Kelly, *Children's World: Growing Up in Russia*, 1890—1991 (New Haven, Conn.: Yale University Press, 2007).

"我也不确定,"另一个想了下,"我想他们在美国不太能适应战争。也可能他没有自己的防毒面具。"

"别傻了,"这一个用傲慢的口气说,"世界上每个人都有自己的防毒面具。"

哲学最大的任务是拓展我们对可能性的感知。为了证明除了我们习以为常的生活或概念以外还有其他的可能性,20世纪的哲学家大多从科幻小说中找例子。如果他们把目光转向历史或人类学,可能会做得更好。上面简单描述的例子就能很好地证明,除了我们熟知的世界以外还有很多可能性。这样的洞见是哲学的洞见,而且像大多数真正的哲学洞见一样,它隐含了规范性的要求,也就是说,主张事物应该是什么样子的。哲学可以、也应当利用那些只能通过观看世界现在及过去的样子来获得的知识,但哲学的洞见总是着眼于世界应该有的样子。正是在这个意义上,康德写道,实践是第一位的。康德在他留给我们鲜少的自传性笔记中解释了这一观点是如何形成的:

> 我天生是个爱问问题的人。我强烈地感受到对知识的渴望、对进步无限的激情和发现的快乐。我曾一度相信这赋予了人们真正的生命尊严,我瞧

不起一无所知的普通人。卢梭使我摆正自己的位置。自以为是的优越感消失了,我学会了尊重人的本性。如果我的工作不能对恢复人性的权利有所贡献,那么我应该自视比一个普通的劳动者无用得多。①

然而,上文的描述告诉我们,成年经历如此纷杂多样,那么哲学又能提出怎样的一般性主张呢?

何为启蒙？

成年是一个启蒙问题。不管我们承认与否,我们是启蒙思想的继承人,没有什么比这更清楚的了。公元前5世纪,柏拉图花了很多笔墨探讨如何抚养孩子;他的《理想国》里有很多关于什么年龄段适合学习吹笛,适合听什么样的曲子之类的讨论。在卢梭之前,再也没有哪位哲学家像柏拉图那样关注这些细节。但是,柏拉图之

---

① Immanuel Kant, *Remarks on Observations of the Feeling of the Beautiful and the Sublime* (1764—1765), in *Kants gesammelte Schrifte*, vol. 20, ed. Königlich Preuβische Akademie der Wissenschaft (Berlin: De Gruyter, 1942), p.44.

所以关注这些细节,不是因为他关心孩子,或者关心孩子会长成怎样的大人;他所关心的,更多的是城邦的发展,而不是城邦中的个体。在一个传统的社会角色开始松动的时代,启蒙运动开始出于人自身的目的关注人的个体发展——尽管政治关怀从来没有远远地遁入背景。古罗马哲学家西塞罗说,哲学要做的事就是学习如何死亡。这一点不足为奇,因为传统的社会结构没有为偏离主流留下多少余地,只有在死亡这一生命环节上容许大的差别。一旦这些结构变弱了,成年的过程不再整齐划一,人类发展的正确形式就变成了一个哲学问题。它综合心理问题和政治问题并规范它们。因此,现代西方社会关于成长的基本特征有了足够多的共同看法(不知是好是坏,现代西方社会的成长模式越来越成为世界各地普遍的模式),这使得某些一般性的哲学主张能够说得通。

康德可能把启蒙**界定**为一个成年过程,所以他才会在1786年的论文《人类历史的推测性开端》("Conjectural Beginning of Human History")中很自然地写道:人类理性的第一阶段就是意识到人有能力选择自己的人生道路,而不是像其他动物那样注定只有一条道路。这种能力在一个具有启蒙思想的人身上显得尤为强大。与马或猪相比,中世纪法国的工匠和波利尼西亚酋长对人生道路有更多的选择。但是,在人类历史长河的大部分时间里,个人可以选择的人生道路实在少得可怜。在康德的时代,人们刚开始接受我们今天认为理所当然的开放性,他也充分利用了这一点。如果他早生几个世代,作为目不识丁的马鞍匠的儿子,成为教授几乎是不可能的,更不用说在有生之年被称为大思想家了。今天,即使在那些声称要促进机会均等的国家,父母的职业依然影响着孩子的人生道路选择范围,和我们所设想的理想状况相去甚远。不过,跟前现代社会相比,个人生活在统计概率上取决于出生,但不是**必定**取决于出生。(某些特殊的例外给了我们时代错置的强烈感觉:少数遗留的皇室成员。乔治王子无法选择他的职业。)

我们必须要做出的选择要求我们有更多的经验和更好的判断力,尤其是在关键时刻我们最需要好的经验和判断力。在很长的一段时间里,别人得想办法让我们获得经验,养成判断力:与其他动物不同,人需要教育。康德说鸣鸟是一个例外,小鸟是要靠鸟妈妈教它们怎么唱歌,就像孩子们要在学校里学习一样。他说,如果有人认为鸣鸟靠本能学会唱歌,那他不妨把麻雀蛋放在金丝雀的巢里,就会发现小麻雀会像它的养母一样唱歌。当代生物学家证实了这一点。[①] 不过,我们渴望的不只是奇观一现,所以要学的不仅仅是唱一首曲子。事实上,康德说过,"人只有通过教育才能成为人"。但是教育者是什么样的呢? 即使怀着最好的意图的人在某种程度上也是他人选择的产物。不仅如此,教育应该是指向未来的教育,而我们只能部分地预见未来。先不考虑技术进步:如果我们期望道德进步,就会希望下一代比我们更好。正如一首以色列流行歌曲所唱的:"孩子,照管好这个世界/因为我们没有照管好它。"但我们不需要如此消沉——或者说,如此不负责任地——希望下一代比我们更有智慧和勇气。然而,如果我们想帮助孩子形成比我们自身所拥有的更强大的能力,这如何可能? 难怪康德的《教育学讲座》(*Lectures on Pedagogy*)说道,教育是"人类面临的最大最困难的问题"。

如果考虑到最好的意图常常是缺失的,事情看起来

[①] Lucie Salwiczek, *Immanuel Kant's Sparrow: High Level Communication in Songbirds and Humans* (Cambridge: Cambridge University Linguistic Society, 2008).

就更糟糕了。我接受善良的父母和敬业的老师的观点,但他们并非唯一决定教育进程的人。正如康德经常提醒我们,政府喜欢的是不成熟的臣民,而不是独立的公民。这一偏好在当代表现为,将我们放在日益盛行的电子监控设备下,生产出数目繁多的汽车或早餐谷物食品供我们选择,令我们目眩神迷——与此同时,却让我们无法把握远比这些重要的选择。在大多数情况下,政府所欲求的不成熟不需要通过武力或偷窃就可以实现,因为我们很乐意与其共谋。毕竟,让别人替我们思考比我们自己思考要容易得多。极权主义政治制度不是必需的,也往往事与愿违,因为不管哪里有明显呈现的控制机制,哪里就有勇敢的灵魂站出来反对这些机制。直接控制早晚引发叛乱;间接控制致使依赖。非极权社会为我们提供了一系列玩具,让我们感到舒适,助长了我们懒惰的天性,使我们的幼儿化过程更为简单微妙。当然,智能手机和汽车都没有**被描述为**玩具;很关键的一点,它们被描述为成年人生活中不可或缺的工具。相反,创造更公正更人性的世界的理想被说成是孩子气的梦想。得到玩具——例如,找一份稳定的工作以稳固我们在消费经济中的位置——是正事,为了它必须放弃梦想。这种虚假的本末倒置使我们永远滞留在迷惑之中。难怪康德说,远离自我招致的不成熟是人类有史以来最重要的革命。[1]

让我来总结下康德所认为的人类最重要的问题。我们一生下来,便开始一段旅程,它的道路是开放的,但它的轮廓应该是自明的。随着身心的发展,我们能掌控人生以及与之相伴的世界,人生呈现为由不同阶段所组成的序列,这个序列无论从生理方面来看还是从心理方面来看都是一目了然的。事情应该很简单:刚生下来的时候我们比其他物种的成员更加无助,接着逐渐融入世界并稳固我们在其中的位置,然后变得越来越独立,越来越有经验,直到我们成为可以自作主宰的成年人,我们的天性暗示着我们应该这样。但我们自己最坏的本能和一系列社会力量都起着反作用。我们最坏的本能是:处于被动状态是一件舒适的事情。起初,人们没有用任何辞藻来矫饰,坦言我们是懒惰的;休谟认为,如果我们的天性更勤奋点的话,世界上大多数不幸都可以免

---

[1] Immanuel Kant, *Anthropology from a Pragmatic Point of View*, trans. Robert B. Louden Cambridge: Cambridge University Press, 2006), p.124.

除。一系列社会力量是:即便是最好的政府也会发现不成熟又被动的臣民比活跃的公民更容易统治。为醒目起见,不妨把它叫做制度性的懒惰。

在后启蒙时期,如果没有某种能够表达自己选择人生道路的欲望的活动形式,人们就不会感到满足。满足这一需求的新自由主义方式比极权统治所构想的任何策略都要有效得多。我们被大量的小决定冲得头晕目眩;乔布斯(Steve Jobs)告诉我们,买什么样的洗衣机这样的问题可以成为他们家餐桌上的主要话题,一连谈上好几个星期。(这个聪明的发明家不觉得这样的事是个问题;他把这件事作为民主决议的一个例子。)我们彻底耗尽了做决定的机会,我们没有注意到,事实上重要的决定都是由我们甚至叫不上名字的他人做出的。或者,你所在的世界是你自己选择的吗?——石油公司靠破坏地球盈利?女人因奸情被石头砸死,或者因为要去上学而被杀害?孩子染上很容易治疗的疾病死去,或被无人驾驶的飞机误伤?你的选择有没有使上述任何情况有所改观?

只有自由平等的成年人才能建立自由平等的社会,但是,如果社会有意培养愚笨的依赖虫,成年人从哪里来？**先有鸡还是先有蛋**？这是个孩子的谜语,但其背后是政治哲学最重要的难解之谜。没有鸡就没有蛋,没有蛋就没有鸡,我们该从哪里下手呢？这些问题曾经使卢梭备受折磨,他是第一个把成长作为哲学问题来对待的哲学家,也是唯一一个提出了既全面又彻底的解决方案的哲学家。卢梭花了将近十年的时间苦苦思索这些问题,在这一过程中大多数朋友都离开了他。最后他终于得出一个结论:我们必须从根本上重新思考我们养育孩子的方式。我们要让孩子远离社会,给他创造一个**一切都是合理的**小环境。用妥当的方式抚养的孩子逐渐成长,一定会成为一个可以自主的成年人,他能创造一个更大范围的合理的世界。

据说有两件事深深打动了康德,使他打破了他那人尽皆知的作息规律,忘记每天例行的散步。(他的生活规律常常招来嘲笑,但是我们中有多少人能坚持每天抽时间晨跑或做瑜伽,虽然明明知道如果我们不和自己的身体做一个常规的约定,就有可能疏忽健康?)第二件事不足为奇:法国大革命的消息使民主主义者康德激动不已,盖过了对其他一切事物的兴趣。几年之后,恐怖袭击频发,康德也许会这样说:没有参与其中的旁观者想到大革命自然就感到兴奋,这证明了人类有能力促进道德进步。我们大多数人都能理解,在遥远的地方发生的革命怎么就会打乱我们的生活规律;三家德国的报纸在"阿拉伯之春"开始时援引康德的事例。但是第一件妨碍康德散步的事情不是那么直观:卢梭让他着迷。读卢梭不是件容易的事。康德后来写道,卢梭的句子得读上好几遍才能弄明白,但文章语句优美,令他着迷。这一经历如醍醐灌顶,正如我们在前文所引康德的自传性笔记中所看到的,是卢梭改变了他的生活,唤醒了他内心真正的渴望。他还把卢梭称作思想界的牛顿,这在18世纪乃是最高形式的赞美。很多读者把卢梭的批判误解成是对浪漫主义的呼吁,但康德在解读卢梭作品的时候却是把他置于启蒙运动之中。这是对的。

表面上看,这两个人唯一的共同点是阶级背景。卢梭的父亲是个钟表匠,康德的父亲是个马鞍匠,两个人都来自小手工业者阶层,似乎不能指望可以通过教育取得多大的成功,更不用说成为西方思想的重要力量了。显然,他们强烈地意识到成为能独立思考的成年人需要付出努力,因此他们都认为成长是一种理想,而不是给定的。在那个年代,成年意味着生活在一个阶级分明的世界里。即便是《百科全书》(启蒙运动的引擎和成果)的撰稿人,也会因其主编狄德罗提议只署他们的名字不印头衔,而感到被冒犯。直到法国大革命,阶级划分才开始松动。卢梭一直很关注阶级问题,并且写了很多犀利的评论。

无论从哪方面来看,康德和卢梭都拥有不同的灵魂。康德的生活极其规律,镇上的人可以根据他的散步时间调时钟;卢梭扔掉手表,乐于记录由此带来的自由感觉。卢梭为了过流浪汉的生活(他的生活状态通常是这样的),拒绝了法国国王赐予的终身年金;康德成了一名普鲁士教授。卢梭的《忏悔录》(*Confessions*)是第一部现代自传,他常常把生活中的事写进作品中,你可能认为那些事和作品没有关联;康德除了评论住在哥尼斯堡可以代替旅行以外,其个人事迹仅限于几条未发表的笔记。卢梭的情爱生活,不管是在想象中,还是在现实生活中,都像我们今天很多人那样强烈、丰富且开放;康德与异性交往的唯一线索是一封来自一位当地妇人的信,信中请他去给她的钟上发条。这让人想到《项狄传》(*Tristram Shandy*)的开篇,书的主人公是如何被父母孕育出来的——在那次行房时母亲问父亲没忘了上钟吧——不管怎么说,也提到了钟。卢梭的旅行经历即使在他那个时代也是非同寻常的,因为他不是观光客:他经常从一个国家流落到另一个国家,有时出于选择,有时则是迫于无奈。但他没有融入任何一个国家,甚至也不想试着去融入。

他15岁那年离开出生地日内瓦,徒步越过阿尔卑斯山到意大利当学徒,他画过招牌,当过镂刻匠,后来做了一名外交官的书记。移居法国后,他自称是"来自英格兰的格林先生",靠教授音乐课谋生,虽然他自己并没有受过任何音乐教育。然而,他的第一部歌剧《乡村占卜师》(*Le Devin du Village*)备受国王路易十五的青睐,并授予他皇家编剧的职位,他却为了过相对独立的生活,拒绝了这一职位。作为一名作家,他让巴黎的沙龙聚会时而倾倒,时而恼怒。有时他又逃到乡下避开这些沙龙。他有几次旅行都是迫于无奈。例如,巴黎的法院下令焚毁《爱弥儿》(*Emile*),他不得不从法国逃到瑞士,免得他自己也被烧死。瑞士人又觉得这个本地人太狂野,也下令将他驱逐。于是他接受休谟的邀请到了英格兰,但这次旅行也不走运。明白了自己和休谟意气不相投,他又回到法国。这些还只是择要而言。卢梭游历丰富,阅读

《忏悔录》时只有十分上心才能跟上他的踪迹。而康德，众所周知，从未离开过自己的家乡。

然而，卢梭是康德的北极星。在他哥尼斯堡的家中挂着一幅画：充满野性的瑞士哲学家卢梭的肖像。康德在写与自然相关的作品时，总是把牛顿的《原理》(*Principia*)当作背景文献，而他在撰文讨论与人类相关的任何事实的时候，背景文献自然就是卢梭的《爱弥儿》。卢梭为解决问题所做的努力非常重要，值得我们在下文进一步展开讨论。当然，另一方面，我也会论证，卢梭的方案包含着致命的缺陷。

不过，在进一步展开讨论之前，有必要思考一个问题：究竟为什么要转而讨论启蒙运动？抨击启蒙运动已很普遍，对它的控诉也不胜枚举。这里我只谈三点。[①]人们常常把启蒙运动作为欧洲中心主义而加以摒弃。事实上，它是首次批判欧洲中心主义和种族主义的现代运动，在当时做这种批判经常要冒很大的风险。如今只有学者知道克里斯蒂安·沃尔夫(Christian Wolff)这个

[①] 对启蒙运动更为系统的辩护：可参见 Susan Neiman，*Moral Clarity*（London：Vintage，2011）。

名字,但在18世纪早期,他是德国家喻户晓的哲学家,年轻时的康德深受其影响。然而,1723年,沃尔夫接到通知,要求48小时之内辞去在哈雷(Halle)的教授职位,离开普鲁士,否则就会被处决。他犯了什么罪?因为他公开发表言论,认为中国人是有道德的,尽管他们没有基督教。沃尔夫的遭遇并非例外:几乎所有启蒙运动经典文献都遭到焚毁、禁止,或者只能匿名发表。因为不管存在怎样的差异,它们似乎都威胁到了既有权威,而权威在名义上就是普遍原则,适用于任何人,不管他是基督徒还是儒生,也不管他是波斯人还是法国人。当然,针对犹太人和非洲人的攻击性评论可以在很多启蒙时期的通信甚至出版物中找到。这些评论在今天常常备受关注,但像康德抨击殖民主义这样的段落往往被忽略:

> 对比一下我们世界这部分已经开化、而尤其是从事贸易的那些国家的不友好的行为吧。他们访问异国和异族(这和进行征服是一回事)所表现的不正义性竟达到了惊人的地步。美洲、黑人大陆、香料群岛、好望角等等,自从一经发现就被他们认为是不属于任何别人的地方,因为他们把那里的居

民视如无物。……[他们]造成对土著居民的压迫、对那里各个国家燎原战争的挑拨、饥馑、暴乱、背叛以及像一串祷告文一样的各式各样压榨着人类的罪恶。中国和日本领教过这些客人们的访问,已经明智地拒绝他们入内。①(康德:《永久和平论》(*Perpetual Peace*),1795 年,第三条款)

如果一个人称赞中国和日本把欧洲的掠夺者拒之门外,那么,我们就很难指责他盲目地把西方的做法强加到世界其他地方的头上。启蒙思想家是自己时代的产物,又受教于先辈,他们摆脱偏见和先见的抗争永无终止。这些思想家不仅敢为天下先,谴责欧洲中心主义和种族主义,而且他们还为一切反对种族主义的抗争必须立足其上的普遍主义奠定了理论基础。如果忘记这一点,那将是致命的错误。

也有很多人批评启蒙运动高扬人类理性。他们指责说,启蒙运动的一般倾向,尤其是最伟大的启蒙哲学家康德,对于理性的态度就像在此之前人们对于上帝

---

① 译文参照康德:《历史理性批判文集》,何兆武译,商务印书馆,1997 年,第 114 页。——译注

的盲目崇拜。这一指控的频率之高令人费解,因为事实上你只需读上一小段就可以看出这一批判是愚蠢的——《纯粹理性批判》的第一个句子就阐述了理性的限度。启蒙思想家从来不认为理性是没有限度的;他们只是拒绝让教会和国家设置我们思想的限度。理性也并非与情感相对,启蒙思想家留给这一主题的空间和留给思想的空间差不多一样多。毕竟,在那个时代,男人和女人可以在公共场所为情景剧流泪。康德说理性是我们的最高能力,因此人们就把他和恐怖统治及萨德侯爵(Marquis de Sade)相提并论,温和一点则斥他阴沉严厉、有点疯狂。这样做的读者完全误解了他的理性概念。康德所讲的理性是一个宽泛的概念,包括逻辑推理和数学能力,以及找到最好的途径以达到任何你碰巧希望它明天就发生的目标的能力。但在康德看来,这些能力属于理性中平庸的类别。他所讲的理性的真正运用比这些要重要得多:形成指导我们行动的真、善、美诸观念的能力。通过这些观念,理性可以指向本性,从而确证我们最深层的渴望。时下风行的康德漫画像实不敢苟同。这位启蒙运动的偶像不是冷酷且痴迷于规则的技术专家,而是莫扎特笔下沉着冷静的费加罗,以自己的理性能力战胜了其领主,由此令比任何贵族所能展露出的都更为深沉也更真诚的激情觉醒。

最后一点,近来常见对启蒙运动导致了生态灾难的指责。评论家批评说,在启蒙思想家看来,合理的东西高于自然的东西,这一倾向使理性与自然相对立,鼓励人们主宰自然,而近年来我们已经让这种主宰造成了多么事与愿违的后果。这样的批判忽略了以下事实:启蒙运动更多的时候乃是诉诸自然而不是相反,主张理性的诉求比起任意的习俗的诉求更加自然。甚至更为重要的是,当理性与自然相对立的时候,是为了质疑以下习见:坚信传统是自然。想一想在18世纪初人们一般所认为的自然的东西:贫穷、奴隶制、妇女的从属地位、封建等级制度和各种疾病。直到19世纪还会有某些英国牧师认为,解救爱尔兰饥荒违背了上帝对自然秩序的意志。何为自然,这是有争议的。启蒙思想家已经认识到,我们要想废除奴隶制、颠覆现有的等级制度或治疗疾病,就必须能够证明它们并非世界运行的必要内容。什么是自然的,什么是反自然的? 有能力提出这样的问题是迈向一切进步的开始。启蒙运动追求道德上的进步;只有能给人类带来更多福祉和自由的时候,技术进步才是值得追求的。显然,我们不可能预见启蒙运动所启动的技术进步导致的每一个结果。但是,在因为某些我们可能不想要的技术进步而责怪启蒙运动之前,我们最好还是稍微停一停,感谢一下那个由启蒙所推动的让我们的寿命延长一倍的进程。我们正在此延长的生命中抱怨启蒙。

为何要转向启蒙?因为没有比这更好的选择了。拒斥启蒙运动只能走向前现代的乡愁或后现代的怀疑;哪里有对启蒙的争议,哪里就有现代性的危机。捍卫启蒙就是捍卫现代世界,捍卫所有随之而来的自我批评和转化的可能性。投身启蒙,就是投身于理解世界以便让世界变得更加美好。21世纪的启蒙必须拓展18世纪的启蒙工作,诊断自由所面临的新的威胁并改善社会正义。成长有赖于自由和社会公正二者。

打 破 枷 锁

成长的正确道路和卢梭看到的规范是相悖的:

我们本来是要做成年人的;而法律和社会又把

> 我们变成了孩子。达官、富人和国王,全都是小孩,他们看见别人殷勤地去减轻他们的痛苦,就产生了一种幼稚的自大心理,并且以得到别人的照料而感到骄傲,他们没有想到,如果他们是成人的话,别人是不会对他们如此殷勤的。①(《爱弥儿》,第85页)

据说查尔斯王子有个仆人帮他把牙膏挤在牙刷上,这或许会使我们想到从卢梭发出哀叹以来,世事发生了多么大的变化。但老实说我们当中很少有人真的为这一点而羡慕查尔斯王子。卢梭的警示适用于我们当中那些置身于更大的牢笼之中的人们,虽然他们的牢笼没有那么华丽。卢梭已经清晰地阐述了文明使我们幼儿化的诸多方式。他认为人生而自由,但却无往不在枷锁之中。这句名言出自《社会契约论》(*Social Contract*,1764年),但他在第一篇论文中就表达了这样的看法。《论科学与艺术》(*Discourse on the Arts and Sciences*,1749年)挑战启蒙运动最基本的假定——科学与艺术是取得进步,尤其是实现自由的唯一方式。他写道,科学与艺术不仅不

---

① 译文参照卢梭:《爱弥儿:论教育》,李平沤译,商务印书馆,1996年,第82页。后文《爱弥儿》引文翻译均参照此译本,不再另注。——译注

会使我们进步,反而会奴役我们。它们用来获取自由的工具反而成为点缀——并掩盖——束缚我们的枷锁的花环。"需要立起了王座,而科学与艺术则使得它们巩固起来。"文化没有政府本身那么专横,却比政府本身更加有力,它使我们爱上自己的奴役状态,说服我们这是文明带来的成果。热衷名利,贪图享乐,二者是我们一切弊病的根源;一者令我们为其一道德败坏,另一者令我们陷入痛苦。

贪图享乐败坏一切:富人生活奢靡,穷人觊觎富足的生活。更糟糕的是,它把人变成市场价值,让我们像对待牲口那样给人估价。卢梭不是一个苦行主义者,《忏悔录》中的很多段落赞颂美酒带来的愉悦,《爱弥儿》中描写对新鲜水果的喜爱的语句引人入胜。任何一个具体的物件——美食或高新科技玩具——本身都不是邪恶的。问题在于它们制造虚假的需求并令我们产生依赖。购买最新款智能手机所带来的快乐比起忘记给它充电所产生的焦虑与困扰要短暂得多:突然间你感到无助。就连接受高科技比较慢的人也不记得没有这些技术之前生活是什么样了。统治社会的人进一步强化了我们的依赖性;他们利用所掌控的权力尽一切可能地培养我们对奢侈品的口味,让我们误以为拥有的奢侈品越多就会越性感、越满足。他们借此分散我们的注意力,让我们不再思考真正限制我们生活的问题。你可以走进电子产品店,选择令人眼花缭乱的智能手机。但是,对于代表你的政府、政府从你身上收取的税金的使用以及限制你的法律,你有多少选择的余地?

智能手机弊大于利,卢梭的第一个著作《论科学与艺术》说到底就是这个意思。1750 年它在巴黎引起强烈反响。其他哲学家也抨击过享乐,例如,伏尔泰写道,撒旦的错误在于用苦难试探约伯,因为我们更容易在感到痛苦而不是感到非常适意的时候转向宗教。粗浅来说就是散兵坑里没有无神论者。但是这样的批判缺乏卢梭的复杂性,20 世纪的马克思主义者马尔库塞(以及不怎么明晰的阿多诺和霍克海默)再次提出了与卢梭类似的论证。如果我们花时间仔细观察它们,就会看到它们依然十分有力。到目前为止,你也许会认为它们适用于乔布斯或温图尔(Anna Wintour),但不适用于创造更高形式的文化的人。那作家、评论家、艺术家和哲学家又怎么样呢?他们所做的事情可是面对事情的真相。卢梭说,这些人的命运最糟糕。首先,他们和所有人一样,都难以抵挡享乐的诱惑,而且更难以抵挡虚荣的诱惑。所以,他们编造正当理由使他们的事业和世界像现在这样运转,在捆绑他们的枷锁上编织合理化的花环。对他们提出具体而严肃的质疑的人就显得自以为是、絮絮叨叨甚或庸碌无为了。

这三个指责卢梭无一幸免。《论科学与艺术》一发表就被评为杰作,使这位三十八岁的流浪汉在巴黎引起了轰动——直到沙龙里的人们意识到他写这篇论文的用意不只是为了赢得第戎学院征文头奖。他完全是认真。卢梭继而写了《论不平等的起源》,指出不平等和私有财产是人类一切苦难的根源,似乎在倡议人们回归到自然状态。对文明的攻击出自一位无师自通的天才,巴黎人已对他屈尊俯就,这样的事实令人难堪。下面是伏尔泰写给卢梭的信,以酬答这位年轻人寄给他《论不平等的起源》:

> 先生,我收到了您的新书,它是反人类的……从来没有人运用这么多聪明才智把我们变成野兽。读你的书让人觉得自己是用四肢着地行走的。然而,六十多年前我就已经改掉了用四肢在地上爬的习惯,很不幸我不可能再重新拾起这个习惯,我把

这种自然的步态留给比你我更值得拥有它的人。(《致卢梭的信》,1755 年 8 月 30 日)

伏尔泰应该没有认真读过卢梭的书。还必须指出的是,直到今天依然有很多人附和伏尔泰的看法,认为卢梭呼吁回归自然状态。但并非如此,虽然卢梭也认为自然状态比我们所处的状态要好得多。只泛泛读过卢梭自认为最富才华的佳作《爱弥儿》的人可能会赞同那些哲学家的质疑:卢梭主张,要想发展成熟的道德性格需要禁止孩子接触书籍和社会,这是要求孩子拒绝所有书籍和社会提供的东西。这些读者应该读得更仔细一些,因为《爱弥儿》是有史以来最清晰最详尽的启蒙运动指南。如果爱弥儿最初处于无知状态,那么更好的办法只能是摆脱无知。

《爱弥儿》旨在记录将一个普通男孩放在能使他成为真正自由的成年人的条件下抚养的实验。卢梭心中设想着整个实验。如果我们知道在 18 世纪像化学这样的学科不是在实验室里而是通过所谓的理性分析进行研究,卢梭的实验就不会显得那么荒谬可笑了。即便在自然科学中,思想实验也是实验,就像其他实验一样。事实上,《爱弥儿》是一本体裁难以归类的书。书的第一个句子陈述了神义论观点——为造物与造物主辩护——书的最后是一部感伤小说的圆满结局。中间则是关于如何抚养孩子的第一份现代指南,混杂着对官方教会的强烈抨击和对认识论及政治的反思。它对我们身体的关注敏锐明晰,说它异想天开也不为过。在问它是否属于启蒙运动之前,我们不应该先问问它是否属于哲学作品吗?

这是一部对启蒙运动和哲学都提出了问题的书。读完它,你对启蒙运动和哲学都会有新的理解。如果你把《爱弥儿》和卢梭在写这本书时从未或忘的柏拉图的《理想国》对照起来看,书中提出的问题就不会显得那么奇怪了。如果想到第一部西方哲学著作同样在幻想和论证之间运思,用神话和不是推理的东西打断原来的思路,插入关于正当男女关系和错误韵律的讨论,中间还包含显而易见的形而上学,那《爱弥儿》就不会显得那么怪异了。两部书都涉及政治理论,都旨在回答康德所讲的德行与福报如何统一的问题:我们在世间的所作所为,难道不应该和世界给我们的回报相关吗?学会正确处理这一问题乃是成年之路上唯一至关紧要的任务。

《爱弥儿》试图为弥合理性与自然之间的裂缝提供基础,这条裂缝在其他地方像一道撕开的伤口。为了看清这一点,有必要认识到《爱弥儿》不仅仅是一部哲学作品;和很多在它的基础上写成的颇有影响力的教育著作不同,它也要求我们恰当地把哲学作为成长的一部分。在卢梭看来,哲学与启蒙运动是同一项事业,这也内在地关联着《爱弥儿》的主题:健康成长。《爱弥儿》的显著特色首先在于,即便作为一套抚养孩子的指导,也与后来康德所说的为自己思考紧密相连,卢梭将此视为一个严肃的任务。那些呼吁消灭丑行(écrasez l'infâme)的哲学家实际上强烈依赖习俗,与之不同,爱弥儿将被抚养成一个不沾染习气的人。从小训练独立思考是为了长大后成为独立思考的人。或者反过来:孩子被咿咿呀呀的儿语围绕,学童在老师的喋喋不休前被迫乖乖端坐,那他就不会听到政客的空洞谎言时有所拒斥。卢梭知道拒绝自己思考是多么的容易,他提出的训练并非易事。他的处方古怪地混合着无限的爱和显见的残忍。就后者,他坚持认为,只有想让孩子永远处于婴儿状态的人才会觉得残忍。他这样抨击普通教师:

  当你事事都在替他着想的时候,他还动什么脑筋呢?他知道你会替他观看天色,他无需去猜是下雨还是不下雨。他既然放心你不会让他错过吃饭的时间,他又为什么要计划散多久的步?你徒然使他的身体呆笨,而没有使他的心思灵活。而且,**由于你叫他把仅有的一点理解力用之于对他没有用处的事物,结果反而损害了理智在他心目中的价值。**(《爱弥儿》,第118页,黑体为笔者所加)

孩子到了12岁才能学习阅读、写作和算术之类的东西。卢梭的智力发展观建立在这样的信念之上,即感官比理性发育得早,这一点在经验中就非常显然,几乎不需要像洛克这样的哲学家去确证。但是,感官比理性发育得早只是一个时间顺序问题,它并没有赋予感官居于理性之上的特殊权威。在卢梭看来,把儿童时期描述为"理性的睡眠"是很有道理的。以这些近乎琐碎的观察为基础,卢梭建立了一套为后来的心理学家普遍认同的道德发展理论。孩子并非天生就按原则行事,大多数成年人更是无法做到。如果我们希望孩子有可能这样做,就必须采取一种与他们的天性发展相合宜的教育。

要明白这一观点在当时曾是何等激进,不妨看看卢梭时代之前的儿童肖像。委拉斯凯兹所画的西班牙孩童即是一例;有地位的父母请画家为自己的孩子画肖像,都会把孩子打扮成拘谨正式的样子,虽然华丽,实际却是父母衣着的缩小版。卢梭要求给孩子穿舒适的衣服,可以弄脏,这在一个品牌牛仔裤流行的时代来看可能没什么,但它与卢梭坚持的主张相关:童年并非是一种成年的劣等品,而是一个有其自身价值的生命形态。所有穿过连体裤、胶底鞋,捏过泥团的人都要感谢他——我们中那些受母乳喂养长大的人或用母乳哺育自己孩子的人也应该感谢他。在卢梭的时代,负担得起的女人把孩子交给乳母养育。卢梭坚持婴儿从出生那天起就应该由母亲来抚养。康德在他的教育学讲座里采纳了这一主张。这一细节也告诉我们,哲学的范围可以有多广。

一本书也不要? 卢梭抨击文化是出于意识到文化的力量。他极度清楚文化是可以怎样牢牢地奴役我们。让我们来看看文化奴役我们的方式:如果你够幸运,它可以给你带来收入;只要有人鼓掌,它还可以给你些微的自尊感;它甚至可能给你带来绝妙的时刻,你享受其中以至于忽略了这个世界更重要的伦理面向。只有充分意识到文化的力量才能意识到文化控制我们的能力。

卢梭描述了文化束缚我们的机制,相形之下,以为文化是获得自由的工具这一乐观的启蒙运动信念过于肤浅了。这就好比一个一辈子都在调情逗乐的人写了一篇爱情颂歌,却发现眼前站着的是一个心碎的男人。正因为卢梭的意识精微又强烈,他解放自己的努力才会令他堕入痛苦:"我想做的不过是对付一个骗人的行当,从事这一行当的人都认为自己在追求智慧,而其实他们只是爱慕虚荣。"[1]凡是读过卢梭对哲学的批判却从未发现这种喷薄而出的冲击力的人不是圣人就是骗子。

一个如此脆弱的男人如何完成将一个孩子教育成年的使命呢?小爱弥儿不允许看书,不是因为卢梭鄙视书本,而是因为他太珍视。爱弥儿学习自然而然引发他兴趣的东西,而不是学那些死记硬背生搬硬套的东西,迫于体罚强制,或者更微妙地出于想在长辈面前表现的心理。爱弥儿在森林里上天文学的课,老师在黄昏时分把他带到森林;爱弥儿很饿,需要学习辨认星星的位置,以便指引他回家。他要弄清梯子放在什么角度可以摘

---

[1] Jean-Jacques Rousseau, "Observations", in *The Discourses and Other Early Political Writings*, ed. Victor Gourevitch (Cambridge: Cambridge University Press, 1997), p.35.

到樱桃,绳子要吊多高才能拴住秋千,这便是学习数学的过程。以获得自由为目的的教育,每一步都应该自由地选择。爱弥儿十岁时,他"不懂得什么叫成规和习惯,他昨天做的事情,绝不影响他今天做的事情:他绝不按老一套的公式办事,绝不怕什么权威或先例,他觉得怎样合适,就怎样做,怎样说"。(《爱弥儿》,第160页)

他学会的最重要的事情就是尊重自然世界给出的限度——除此之外,别无其他。孩子应该顺从自然的力量,但绝不服从他人的命令。卢梭认为,一般对待哭泣的婴儿的方式助长了错误的需求和他决心避免的主从关系。他告诉我们,哭泣的婴儿很快就知道,满足了最初关乎温饱的真实需求之后,他可以接着哭,以此来操纵身边大人的意志。如果我们允许他这样做,他很快就会知道控制大人的意志要比控制或适应事物更有价值。这就意味着,他首先想到的是控制与服从。如此还会导致迷信,因为孩子会将意志加诸自然事物甚至整个世界。因此,卢梭告诉我们,要让孩子大哭,因为很重要的一点便是,"让他早点习惯不能给别人下命令,因为他不是他们的主人,也不能对事物下命令,因为它们听不到"。然后他举例说明,孩子不会认为自然的痛苦是不公正的，也不会把自然的限度看成是限制。"饼干没有了"和"你不能在晚餐前吃饼干"引发的反应截然不同。如果要把孩子教育成追求自由的人，就必须教育他顺从自然的要求，而非顺从其他。如果他打破了窗户，他受到的惩罚不是人为的处罚，而是他睡觉时只得挨冻。

卢梭于《社会契约论》中提出"人必须被迫享有自由"，在他对我们是如何（带着社会的祝福）进行自我奴役的分析的映照下，就显得不那么突兀了。一些批评家仍然指控爱弥儿的自由是虚幻的，因为他一天到晚被无所不在的教师看着，教师能操控他所处的环境使所有的前因后果看起来都是自然的。你如何把一个孩子教育成自由的人？自由不只是你被允许做什么事；卢梭和康德告诉我们，自由是你遵守你为自己设定的准则的能力。自由不能被简单地看成是做你现在想做的任何事；那样的话你会被任何一时的兴致和一闪而过的念头奴役。真正的自由意味着控制你整个生活，学会做计划、承诺和决定，为你的行为结果负责。一个孩子，比如彼得·潘，如果他受着欲望的摆布，怎么可能学会这些？怎么可能发展出有能力支配自由的自我？

记住：一个自由的孩子只服从事物的必然性，而不是屈从别人的意志。所以别人不能命令他,即便是最好的老师和父母。不管他们的命令多么合乎情理,孩子会把它们看作是另一个意志的武断表达。因此,爱弥儿的老师要想决定爱弥儿的意志而不至于引起他的不满,就必须让事情看起来合乎自然的必然性。这样做培养了爱弥儿满足自己愿望的感觉,从而使他体验到怎样用自己的力量和理性做自己乐意做的事情。这让爱弥儿尝到了自由的滋味:既不做自己一时念头的奴隶,也不做他人意志的奴隶。我们可以把它叫做管理之下的自由:让爱弥儿在快乐中学会自立,同时控制环境让事情不出一点差错,从而拓展爱弥儿对自由的体验。

《爱弥儿》书中有很多显然率性而为的建议,其中有一个是这样的:

> 很多夜间游戏。这个办法的重要性,远远不是从表面上看得出来的。黑夜自然是使人恐惧,有时候使动物也感到恐惧……我曾经看见过一些辩论家、意志坚强的人、哲学家和白天很勇敢的军人,在夜里就像妇人一样,听见树上掉一片树叶也会打哆嗦。有些人说这种恐惧感是由保姆所讲的故事造成的,这种说法是错误的;这种恐惧感的产生,是有

> 一个自然的原因的……这个原因不是别的,就是那个使人猜疑和迷信的原因:对周围的事物和周围的变化不了解。(《爱弥儿》,134 页)

与意志坚强的人及哲学家——卢梭忍不住再次抨击他们——不同的是,爱弥儿不会陷入迷信,也不会恐惧黑暗。卢梭告诉我们在最日常的生活实践中应该怎样做才能让我们对自然权威之外的一切权威免疫,他填补着其他启蒙思想家仅仅只有空想的论域。人们极其自然地用光明与黑暗来比喻理性与迷信的对立,甚至可以追溯至阿肯那顿(Akhenaten)——那位在摩西之前创建一神论的埃及法老。欧洲语言中每一个表示"启蒙"(Enlightenment)的词汇都含有"光"(light)和"明晰"(clarity)之意。

阿肯那顿粗浅,但卢梭很看重这个比喻。他们想为人类带来光明吗?卢梭让他的孩子在夜里随处走动不怀恐惧,对待其他形式的民主理想也是如此。比起批判他的人,卢梭和工人阶级要亲近得多,也更希望让工人阶级接受启蒙思想。没有人像休谟那样清楚地主张,既然只有极少数明达的人能够摆脱习惯,那就听任人们受制于习惯吧；也没有人像伏尔泰那样愤世嫉俗地认为，他的著作就是要颠覆大众的迷信。不过，大多数人都会心照不宣地认定，由于良知健全程度不同，启蒙应该仅限于中产阶级。卢梭的看法则不同，因为《爱弥儿》的要点在于，任何一个普通的男孩都可以成长为能够生活在启蒙梦想中的人：不仅是成为以自由为第一要义的人，而且最终要成为哲学家。

爱弥儿的教育使他能够摆脱国家权威的枷锁以及掩盖枷锁的花环。而到了青少年时期，他不仅读书，而且他可以接着写书。书中两次告诉我们，爱弥儿会不知不觉中成为一名哲学家，"如果他写书，不是为了讨好权势而是为了建立人的权利"（第458页）。可以肯定的是，康德领会了这层意思；我们看到康德说卢梭改变了他的一生，因为卢梭让他明白，除非他的学术有助于确立人的权利，否则他所有学术上的成就不如一个普通劳工的工作有价值。

爱弥儿接触文化不能太早，这一点的根据，一是卢梭对他那个时代的学生一天到晚死记硬背的做法感到愤慨，二是他对孩子成长的经验观察，以及《论人类不平等的起源和基础》（*Discourse on Inequality*，1755年）所提出的人类发展理论。按照卢梭的理解,在人类历史上,野蛮人彼此孤立地生活着,直到自然的意外使他们大致组成群体住在一起。要是没有文化和性,群居方式也许仍然是美好的。文化与性同时诞生,捆绑着将我们拖入了虚荣的怪圈,造成我们至今不得摆脱的不平等。如卢梭所说,其他物种只想着交配繁衍,而人类的欲望不止于此,它有被欲望的欲望——这是性的要素里人类所独有的。这种欲望促使原始民族发展出最初形式的文化:用彩绘和羽毛装扮自己,发明出歌舞吸引异性。最终,我们永远处在竞争状态之中;而且,没有能力看清自己,只能看到他人眼中投射出来的自己——这两个事实极大地毒害文明的进一步发展。

文化与性同源,而且两者相互助长。爱弥儿不需要文化,直到进入青春期才需要——至那之后就极需要文化。此时,历史和诗歌可以教给他需要了解的关于人类的心灵和灵魂的方方面面。通过把自然的驱动转变成对理想的情欲对象——集善良与美丽于一身的女性——的追求,教育者可以创造出一种对理想本身的爱,这种爱可以引发真正具有价值的奋斗。如果处理得当,性欲可以成为自利与道德之间的自然纽带。

和很多人一样,卢梭探寻文明社会成员间的正当联系。霍布斯工具主义的社会契约假定我们只能因为恐惧而联系——彼此间的恐惧,对无政府状态的恐惧。而依照标准的启蒙观念,我们自然而然就是社会成员,这一预设又未免太过了。卢梭认为,我们的本性既没有他的先贤说的那么坏也没有那么仁爱。尽管我们易于同情,但跟其他动物一样,我们关心的首先是自身的自由。不过,有一种行为,在此之中你的利益自然就会和另外一个人的利益相合。理想状态下的情爱能够化解人类欲望之间的紧张。因此,卢梭认为,男女之爱可以成为建立良好社会的基石。在引入这个主题之前,卢梭刚讨论完宗教,他拒绝了神恩的拯救,因此我们也就不需要宗教教育。无怪乎教会认为他的书应该烧毁。爱弥儿将在爱中而不是在宗教里找到自己的救赎。为了使爱弥儿在情爱上专一,他的导师描述了一位名叫苏菲(Sophie)的理想女孩。如果明白卢梭传达的讯息,我们会注意到,取这个名字绝非偶然。"Philo-sophia"(哲学)意味着爱智慧;爱弥儿会同时找到爱与智慧。

在书的结尾,卢梭如此痴迷于自己的创造,不由跳到了第一人称:正是让·雅克这位完美导师迫使(促使、引导)爱弥儿成为自由的人。关注着爱弥儿和让·雅克成长之旅的当代读者,很容易在最后一卷感到迟疑——不是因为它变成了一部结局圆满的情感小说,而是因为它是我们绝大多数人都不能接受的结局。卢梭对男孩教育的主张强硬激进,而他对女孩教育的议论则令人失望。男孩要在不受习俗羁绊中成长,而女孩则要培养成循规蹈矩的人——因为,卢梭说,男人应当只顺从自然权威,而女人则要顺从男人。这样的观点在18世纪的任何角落都开始显得反动:伏尔泰钟爱的情人沙特莱侯爵夫人(Madame du Châtelet)既翻译牛顿的书籍,又撰写物理学论文,这些显然是她魅力的一部分。且不管卢梭怎么看待伏尔泰。众所周知,卢梭尊崇柏拉图,而柏拉图的《理想国》主张,接受同等教育的男人和女人将具有同等的能力、权利和责任。但柏拉图在哲学史上是一个异数;直到两千年后才有约翰·斯图亚特·密尔(John Stuart Mill)撰文批判性别歧视。我无意猜测为什么卢梭倒退了这么一步,但我认为他关于女性教育的无稽之谈不会危及他的理论核心。我们不难重写《爱弥儿》的最后一卷,让苏菲和爱弥儿接受同等的教育,让这两个同样不受习俗束缚的自由人之间的爱成为自由社会的基础。不过可惜的是,我们将会看到,除了第五卷之外,《爱弥儿》还有其他问题。

尽管后来证明《爱弥儿》在哲学史和教育史上的地位举足轻重,但在当时它一出版就遭到了攻击。教会焚毁它,因为它抨击宗教教育,而宗教教育正是教会企图继续掌控政治权力的最后一根稻草。更有意思的攻击来自卢梭从前的朋友。它们大都是人身攻击,针对人而不是他的著作。哲学家一般不该如此行事。但是,面对一个在作品中带入强烈自我意识的人,这样做或许也说得过去?无论是揭露高级文化的自我欺骗,还是检讨自己的过失和罪恶,卢梭的著作始终贯穿着对真与诚的追求。如果他自己的行为与他极力宣扬的原则大相径庭,他难道不应该负责吗?

这是卢梭竭尽全力要回答的一个问题,至少就他的著述而言:一个强烈反对文化的负面影响的人,为什么还要继续创造文化?他承诺,自己的作品都没有自己所反对的东西,也就是说,他只创造使我们变得更好更自由的作品。他甚至说,如果读者觉得他没有达到自己的标准,可以焚毁他的作品。他还指出,别人可以批评他的创作实践没有达到他所提出的原则,但即便这样的批评能够成立,也只能证明他做得不够好,但原则本身并不受影响。他写道,是理性告诉我们目标,但激情可能使我们偏离目标。通过正确的教育,理性与激情可以结合起来,但是很少有人能有幸接受正确的教育。别人是这样,《爱弥儿》的作者不也是这样吗? 历史上鲜有人公开承认不光彩的行为,或为了追求真诚而去质疑自己的动机。毕竟,正是卢梭自己提醒我们,他拒绝国王的津贴可能主要是因为担心要在宫廷上讲话,而不是出于对自由的高贵渴望。他对自知之明的追求超乎寻常;可以公正地说,他独力发明了"不诚"(bad faith)这一概念,后来法国存在主义进一步探讨了这种特定形式的自我欺骗。

但是,如果不是质疑卢梭因论证文化颠覆道德而名声大噪之后继续创造了天才的作品,而是质疑他一边创作一部强调孩子抚养之重要性的杰作,一边抛弃五个婴儿,那会怎么样呢? 即便对于容易纵容人性缺陷的人来说,恐怕也很难接受理论与实践之间如此大的差距——尤其是在他们得知18世纪法国育婴堂的死亡率后。卢梭的终身伴侣、不识字的洗衣女工特丽莎生下来的五个孩子全都被送进了育婴堂。很久之后,卢梭忏悔说,他的生活状况不允许他用应有的方式抚养孩子。的确,他的经济状况朝不保夕,而且常常东奔西逃,无论是因为他引发的争端还是他所遭受的政治迫害。这不是抚养孩子的理想环境,更不必说和监护爱弥儿所需要的超常奉献相比了。然而,既然法国育婴堂里八成弃婴都会夭折,把他们放在家里抚养不是更好的选择吗?

卢梭对抽象意义上的孩子充满柔情,但却冷酷无情地决定了自己孩子的命运,这两者之间无法调和。历史上大哲学家包括卢梭的批评者在内几乎都没有孩子,指出这一点也许可以稍微动摇卢梭批评者的权威,但无法提高卢梭的威望。毕竟正是他强调,父亲的责任远不止于生养孩子。

这人是个疯子吗? 在他有生之年,很多人这样说;在他死后,有更多的人这样说。精神分析学家斯塔罗宾斯基(Jean Starobinski)是最伟大的卢梭解读者之一。他认为,对卢梭所做的一系列诊断,在精神分析史中的意义胜过对于研究卢梭个人的意义。对这些诊断的考察超出了本书的范围,但是,即使不对卢梭生平进行更多的讨论,我们也会因为卢梭观点中深刻的矛盾而感到困惑。卢梭本人第一个指出这一矛盾,但这丝毫没有减少我们的困惑。《社会契约论》的研究从"人类的实际情况与法律所应当是的情况"着眼,而《爱弥儿》提出的策略则是,在实际的法律之下把人类培养成他们应当是的样子。看起来,这两个方面互为前提。如果卢梭在任何其他意义上没有疯,他的作品不正表明他严重脱离现实,从而至少可以认为他头脑不健全?

"提出可行的办法",人们一再地对我这样说。同样,人们也对我说,要实行大家所实行的办法;或者,最低限度要使好的办法同现有的坏办法结合起来。在有些事情上,这样一种想法比我的想法还荒唐得多,因为这样一结合,好的就变坏了,而坏的也不能好起来。我宁可完全按照旧有的办法,而不愿意把好办法只采用一半,因为这样,在人的身上矛盾就可能要少一些:他不能一下子达到两个相反的目标。

因此,卢梭在《爱弥儿》的序言中已经预想到人们的反对意见。一个社会既珍视个体自由,又高度重视社会纽带,这矛盾吗?有无可能在一个社会中,人们一方面包容多样性、对陌生人友善,另一方面如有必要可作为骄傲的爱国者为国捐躯?能否平日的生活节俭不奢,但在固定的节日里豪饮作乐？一个理想的人能否在温和谦虚、仁慈大度的同时又英勇刚毅？爱与性的结合能否不仅使彼此而且使社会本身的纽带变得更强韧？这些是卢梭所描述的理想社会的特点，在这样的社会里所有真正人性化的需求都将得到满足。他是第一个敢于提出这样问题的人：如果我们得到了这一切，又会怎样？

他很清楚这项事业的困难程度。"我之所以提出我们必须抱定的目标，并不是说我们一定能够达到那个目标，而是说，谁愈是向着那个目标前进，谁就愈会成功。"他也是第一个提出如下问题的哲学家：我们把某些限制看作人类境况的一部分，但实际上这些限制是我们自己设置的？人们批评他的想法违背了人性，他对此的回应简单而真实："我们**不知道**我们的天性允许我们成为什么样的人！"我们的确不知道。在过去的五十年里，一些非常根深蒂固的对人性的看法被颠覆了；只要想一想西方对于性别、种族和权力的观点的改变。卢梭在他有生之年克服了许多被认为是自然赋予的限制。在那一时代，基于对人性理解的变化，发起了真正的社会重组。如果我们不再将注意力集中在新形式的技术进步上，并允许卢梭帮助我们思考其他的可能性，那么，我们可能正生活在那样的时代。

　　生活包含的可能性比你被告知的要多,这样说并非耸人听闻。那么,关于实现卢梭教育实验的可能,我们可以说些什么呢?爱弥儿成长所需要的条件几乎不可全备。首先,需要一个全职的监护人全力监护二十年左右。即使你赞同卢梭,认为世界上最重要的事情是以正确的方式养育孩子,你还得赚钱养家;即使你不需要赚钱养家,你还可能生了一对双胞胎。监护人需要全心专注于一个孩子,那小孩就不应有兄弟姐妹;我们得回到传统的劳动分工,让女人专职负责照顾孩子,但即便如此也不足以达成卢梭的计划。爱弥儿在乡下长大,远离社会的种种诱惑——而今偏远的乡村都装有宽带,这一点也很难做到。所有这些条件在卢梭的时代都很难达到,在今天就难上加难了。不过,它们在原则上不是不可能,只是逻辑上非常复杂。在阅读《爱弥儿》的过程中,你会倾向接受这些条件,因为它们是按照逻辑一步步令人信服地推演出来的。

　　不过,康德说得好,逻辑是理性最不重要的成果,而且卢梭方案从某个方面来看不是在逻辑上不可能,而是在形而上学上不可能。监护人关注爱弥儿的方方面面,远远超乎最具奉献精神的父母的想象。而且,他的出发点不是爱弥儿的安全或舒适。卢梭坚持说,孩子跌倒造成不危及健康的擦伤,远比娇生惯养让孩子无法自立要好得多。后来康德也赞成这样的看法。监护人关心的不是爱弥儿身体的安全,而是道德的安全。为了确保这一点,监护人必须完全掌控爱弥儿的世界。用正确的方式养育孩子就要求他的世界一直是合理的。爱弥儿从未经历过实然和应然之间的差距;美德和幸福总是如影随形。他的每一分努力都自然地得到回报:不是因为记住了几何学定理得到了空洞的分数或表扬,而是在计算出梯子摆放在什么角度才可以爬上去以后,从树上摘到了樱桃。无论发生什么样不开心的事情,都是自然的必然结果;如果他拼命吃垃圾食品,就会肚子痛。爱弥儿成长的环境中没有仆人和主子,所以他既不会傲慢无礼也不会奴颜婢膝,而是平等地对待他见到的为数不多的人,因为除此以外,他不知道别的方式。他未曾见过不公平或专横之事。

以这种方式抚养长大的孩子很可能就自然而然地有道德了,因为他相信世界以它应有的方式运转。如果出现了不合理,监护人会介入,想办法让它看起来是自然的必然结果,所以爱弥儿从来不会察觉到实然和应然之间的差距。但康德告诉我们,只有上帝才有这种能力,(假定)他能看透人类的心灵深处,而且掌控整个自然世界。因此,监护人不仅比世界上所有的监护人更加耐心和气、有时间,而且在性质上有别于所有其他监护人,因为他拥有一神论赋予上帝的特性:万能、全知、仁慈。如果爱弥儿的世界出现脱节,监护人总是在那里推一把,从而在爱弥儿眼中所有的一切看起来都是理所当然的。

但是想当上帝不是件疯狂的事吗? 对《爱弥儿》中的人称变化感到困惑的读者很多时候都会有这个疑问。卢梭描写这个完美的监护人,写着写着就变成了他自己,显然,他被这样一种幻想冲昏了头脑——为他希望抚养的孩子掌控整个世界。然而,正是理性而冷静的康德告诉我们,想成为上帝的愿望是人性的一部分。他的这一形而上学判断试图提醒我们去反对成为上帝的冲动;更确切地说,康德试图告诉我们,想变成无所不知的愿望是如何影响我们对人类知识的理解的。我们并没有随着年龄的增长而摒弃这个愿望,因为在康德看来,它是由"理性本身最根本的本性所规定的",但它是我们可以理解和控制的愿望。我们无法超越人的限度,这是事实;我们渴望超越人的限度,这同样是事实。然而,康德伦理学的要义不仅纵容这种渴望而且还为它背书:我们仅仅按照那些我们希望它们成为普遍自然法则的原则去行动。康德的形而上学提醒我们,我们不是上帝;他的伦理学允许我们假装自己是上帝。这是一种方法,不是什么疯狂的事。①

这意味着爱弥儿从未经历过康德所谓的实然与应然之间的鸿沟。二者之间的差距不仅是由来已久的难题,而且意味着以下基本事实:事情出差错了。你可能想保护你的孩子免受很多伤害,但是如果你保护他们避开这个问题,他们怎么会长大呢?卢梭可能并不了解佛教,但爱弥儿的环境与佛陀的父亲净饭王为儿子营造的环境极为相似,他为佛陀修了三座宫殿,使他远离人间疾苦。传说佛陀二十九岁时冒险从皇宫中出来,看到了衰老、疾病和**死亡**——那是即便最幸运的生命也无法避开的阴影。这一震撼促使他走向苦行,在过了很多年的

---

① 就这一主题更多的讨论见 *Evil in Modern Thought*(Princeton, NJ: Princeton University Press, 2004),pp. 78ff。

托钵行脚生活之后,最终找到一条更温和的路。爱弥儿受到的形而上教育与佛陀毫无二致——皇官除外,爱弥儿更喜欢村舍。除了所有可能世界中最美好的东西,爱弥儿对其他一切都没有准备好。

卢梭认为大多数疾病是因为缺乏合理的饮食和锻炼。现代医学已经证实很多疾病可以用卢梭的处方预防,比如呼吸新鲜空气,多活动,少吃肉,多吃蔬菜水果。不过,没有办法证实卢梭更重要的主张:人类不是本能地害怕死亡。他经常提到这一主张,主要是想推翻霍布斯的看法,后者认为,对死亡的恐惧出自本能,所以君王只要能把战争推迟片刻,哪怕他保守专制,服从他的意志也是合理的。我们不需要像霍布斯那样深入,也不用相信恐怖的死后世界,就可以看到彻底虚无的想法多么可怕。奥地利哲学家让·埃默里(Jean Améry)在奥斯威辛集中营度过两年,活了下来,他认为即便是最自然的死亡也是对人类理性的冒犯,比他在集中营里所经历的一切还要难以忍受。属于我的整个世界为什么注定要灰飞烟灭?当然,我们学会了接受它是事实,但是不管我们怎么频繁地尝试,都无法想象死亡。原本可能无止境的旅程被专横地截断了;我们被赋予做一番事业(无论是心中所爱,还是工作)的能力,但穷尽一生都无法完成它——这样的事实看起来就像最怪异的宇宙大笑话。可能我们会告诉自己,有死的命运让人类生活变得更加丰富,也许确实如此;与奥德修斯或安提戈涅相比,希腊诸神显得平淡无味。斯多葛派对待死亡的冷静无谓态度,常为卢梭称道,虽然它看似非常不近人情。不管你如何克制自己,大多数死亡至少会带来片刻的反射性阵痛:死亡不应该发生。那一刻的阵痛正是实然与应然之间的差距之痛。当它来临时,即便是无神论者也会感受到那种驱使基督教将死亡视为惩罚的力量,尽管他们可能反对基督教所许诺的永生。

活着的时候,暂时忘记死亡吧。在必须面对死亡之前的很长时间里,你得面对其他考验。即便是最幸运的人也会因为世上很多事物不是它们应该有的样子而备受打击。如何对此作出回应是我们是否成熟的关键。《彼得·潘》有一段非常细腻深刻的文字,巴里描述了主人公在胡克(Hook)船长用暴力回报他慷慨的骑士风度时的反应:

> 让彼得感到眩晕的,不是疼痛,而是不公平。这令他感到非常无助。每个孩子在第一次受到不

> 公平待遇时都会被深深触动。他走近你时所能想到的权利就是公平。如果他在你这里受到不公平待遇,他可能依然会爱你,但已不再是同一个男孩。没有人能够从他第一次遭受的不公平待遇中恢复过来;只有彼得能做到。他经常遇到不公平的事,但总会忘记。我想这是彼得和所有人真正不同的地方。(《彼得·潘》,第113页)

你很可能已经记不清第一次遭受的不公平待遇,这大概是因为它发生在很早以前,且随之而来的还有更多不公平之事。没有人能够从他第一次遭受的不公平待遇中恢复过来,巴里的这个说法可能是对的。彼得·潘永远不会长大的原因在于,跟随不公平遭遇而来的是惊喜的待遇。所有的不公平遭遇都没有内化,所以他对世界的信任仍然是完整的。

对我们这些人来说就不是这样了,《彼得·潘》是一个童话。我们看到,甚至连婴孩也会感受到世界的不合意并因此感到痛苦。这是异化的开始,但同时也是义愤的开始。如果加以合理的引导,义愤将会成为积极生活必不可少的部分。什么样的引导才是合理的? 我们希望我们的孩子尽量不要看到世间的苦难,但要知道即便是佛陀贵为帝王的父亲也不能庇护佛陀。而大多数人都不可能拥有像佛陀的父亲那样多的能力。我儿子在十一二岁时,有一天放学回家,抱怨老师待他不公,我听了事情始末后认为他是对的。当时我这样对他说:**这不会是最后一次手握权力的人不公平地对待你。他们可能是迫于威胁,出于嫉妒,或者仅仅是因为累了,他们也许喜欢某个会奉承的孩子或员工,或者仅仅是乐于看到他遭遇挫折。除了学习读写和算术以外,你在学校里还得学会怎样面对不公而不迷失自己。**这样的平衡对吗?遇到太多不公平之后,我已经不会像他那么愤怒。我们希望孩子对不公正保持警醒,只是不希望孩子被不公击垮。我很高兴对他讲了这番话;这比当我是小孩子时,我的父母否认老师有可能不那么善良要好得多,父母说的话让我陷入了孤独、愤怒和深深的困惑之中:**他们不是在说,实然就是应然吗?** 但问题在于比例。如果大多数老师都是这样,你就会开始怀疑,是不是让孩子退学。在只有一位教育者的情况下,卢梭世界里的学生也不需要学习如何对待不公。回想一下,爱弥儿成长的环境里没有主仆、君臣之分。正因为这样,他学不会容忍不公平。这或许可能使他反抗不公平。但是,如果他发现不公平带来了严重后果,而他只能报以彼得·潘式的无助和茫然,那该怎么办?

这个问题没有可以依据经验得出的答案;没有人会像爱弥儿一样成长。让我们留意它应有的价值:即使卢梭更大的目标是让孩子成为自由的成年人,我们也是因为他才开始关注孩子的成长。他被称为童年本身的发明者。

> 当我们看到野蛮的教育为了不可靠的将来而牺牲现在,使孩子受各种各样的束缚,它为了替他在遥远的地方准备我认为他永远也享受不到的所谓的幸福,就先把他弄得那么可怜时,我们心里是怎样想法的呢?……他们一生的最初几年,也好像你们一生的最初几年一样,是一去不复返的,你们为什么要使那转眼即逝的岁月充满悲伤和痛苦呢?(《爱弥儿》,第 79 页)

这都是很好的问题,但它们不能使我们绕开一个更紧迫的问题:怎样使孩子准备好面对一个不是那么合理的世界?

二、幼年、童年、青年

出生这件事

婴儿身上什么东西如此吸引着我们？当然，他们吸引我们的程度不尽相同，而且即便是最深情的初为父母的人也承认婴儿并不总是令人着迷；婴儿的节目很有限，陪伴她一定会有令人厌倦的时候。然而，大多数人都觉得婴儿释放出来施加到我们身上的魔力是难以抗拒的。这一点，以前人们把它归于上帝，今天我们更愿意把它看作一种在进化过程中获得的优势。既然没有大人的关注孩子会死，婴儿一出生就能引起大人的注意是件好事。

在德国犹太哲学家汉娜·阿伦特（Hannah Arendt）看来，我们对婴儿的痴迷不是偶然的。她在《人的境况》(*The Human Condition*)一书中说出生是一个奇迹：

> 这个将世界和人类事物领域从通常的"自然"

毁灭中拯救出来的奇迹,最终是诞生性的事实(它也是行动能力的本体论根源)。换言之,是新人的出生和新的开始,是由于降生才可能的行动。(第247页)①

阿伦特新创"诞生性"(natality)一词刻画我们是生出来的这一事实,以便与我们熟知的"有死性"(mortality)相对应。人有一死,这在古希腊人那里占据核心位置,他们对人的定义就是"有死者"。这一核心想法的痕迹还保留在大多数哲学学生学习的第一个三段论里:

所有人都会死。

苏格拉底是人。

因此,苏格拉底会死。

阿伦特的导师,德国哲学家海德格尔(Martin Heidegger)对古希腊思想极为推崇,我们在他那里也可以找到类似的思想痕迹:他认为,死亡意识让人成为人。阿伦特反对这一传统,她对出生的关注是革命性的,把它视作政治思想的核心范畴。(她对美国的热情主要是因为

---

① 译文参照汉娜·阿伦特:《人的境况》,王寅丽译,上海人民出版社,2009年,第192页。后文《人的境况》引文翻译均参照此译本,不再另注。——译注

它是个移民国家:移民在这个国家获得新生,他们可以不断地更新它。这一想法值得当下把移民视作一个严峻**问题**的欧洲国家考虑。)在阿伦特看来,生命完全不可能起源于无机物,这一点也预示了每一个行动的特质。

> 人能够行动的事实,意味着总是可以从他身上期待未曾预料的事情,他能够完成不可能的任务。而这一点又之所以是可能的,仅仅因为每个人都是独特的,每个人的诞生都为世界带来独一无二的新东西。就这个人是独一无二的而言,真的可以说在他之前,无人在此。(《人的境况》,第178页)

在波伏娃看来,生命带来的新意不仅限于出生之顷:

> 如果说,在所有受压迫的国家,一个孩子的面孔令人动容,那不是因为这个孩子更加令人动容,也不是他比别人更有权利获得幸福;而是因为他鲜活地确证了人类的超越性:他在注视这个世界,他热切地同这个世界招手,他是一个希望,一项事业。(《模棱两可的伦理学》[*The Ethics of Ambiguity*],第102页)

因此,我们对婴儿的凝视不是,或不仅是被演化编程的生存策略,也不纯粹是为人父母的痴心。婴儿是奇迹。**这样的小手指（将来有一天会建造、编织、射击或抚摸），甚至小脚丫（将来会跳舞、踢蹬、游泳或蹒跚走路）。一切皆有可能**。阿伦特把我们的注意力从死亡转移到出生。西塞罗写道，哲学的任务就是学习如何死亡；阿伦特虽然没有明讲，但她把成长变成了哲学的中心任务，强调每个人不确定的独一无二性，强调我们生命中每时每刻潜在的开放性。心理学家艾莉森·高普妮克（Alison Gopnik）写道："无论何时，只要我们行动，哪怕只是小小的行动，就在改变历史进程，推动世界沿着这一条而非另一条道走下去。"（《哲学宝宝》[The Philosophical Baby]，第 23 页）这句话从西塞罗时代直到今天都是真理。不过，我们有能力通过自己的行动改变世界，这是启蒙时代才彰显的意识之一。在阿伦特看来，这种意识让我们坚守信念，长存希望。古希腊人并不看重信仰和希望这两种体验的特性，他们把希望视为潘多拉盒子中最后的恶魔。但是，耶稣诞生所宣示的福音却对信念和希望大加颂扬。对于像阿伦特这样的非基督徒，奇迹并非那次特定的诞生，也即耶稣的诞生。基督教徒欢庆道成肉身，而阿伦特看到的，则是每一个孩子出生时都会隐约闪现的奇迹般的信号：一个崭新生命诞生的奇迹,他很可能会拯救这个世界。

对婴儿来说,世界本身就是奇迹,世界上的星星点点都是奇迹。看到婴儿琢磨着一串钥匙或者一片皱纸,这时你不仅会看到玩耍和科学不可分,而且会感到惊叹和好奇,几可以称之为宗教——如果婴儿有神圣和世俗概念的话。我们羡慕那样一种我们再也找不回的好奇,因为每次好奇的体验都需要惊讶的元素。高普妮克认为,我们旅行的时候,是像婴儿一样地体验这个世界,我们周围的新鲜事物引发了更加鲜活生动的意识和注意力。在非常特殊情境里的某些时刻,确实如此,但无法长久持续。不止一次,我很幸运地能在美到令人窒息的地方小住。我惊愕不已,在头几个早晨,我醒来俯瞰科莫湖(Lake Como)和丁格尔湾(Dingle Bay),直到由此而来的惊讶转化为喜悦,而好奇也随之消逝了。

一旦婴儿发现了我们所知道的实情——不过**是具有某项功能的一串钥匙,经常从口袋或手提袋里拿出来,不是什么发出叮当响的神秘小玩意**——她们自己的好奇感就会消失。如果他们幸运的话,就会进行下一次的探险,考察世界的另一个片断,又经历一次从吃惊到理解的过程。他们惊奇地观察、舔舐、翻转一个东西,有时候将它拆开,从而增长见识,这样的事情本身就很奇妙。在康德看来,我们的认知能力可用来理解某事物完全区别于世界上的其他事物,光这一点可能就足以证明上帝存在了。还有什么能保证我们的认知能力和世界相互合拍,让我们从周围数量无限的经验材料中里抽离出万有引力定律或运动定律?不过,既然康德把上帝的存在问题直接排除在知识领域之外,婴儿依靠认知能力不断体验世界的结果,不是面对上帝的感恩或谦卑,而是一种态度,有的心理学家称之为信心,有的干脆称之为信任。了解到拉一拉绳子,婴儿床上的玩具鸟就会拍打翅膀,这时他就已经明白了,这件事取决于他自己,取决于可靠运转的世界,以及二者的结合。在顺利的情况下,他会频繁地体验它,从而有理由推断,这种关系的可靠性是无限的。据心理学家估计,我们在三岁之前学到的东西比以后一辈子学到的都要多。有些东西是湿的,有些是长棍形的,有些很硬会伤到人,有些很软可以用手捏出不同的形状,动物不是石头也不是蔬菜,白天过后是夜晚然后又是白天,孩子会长大成人而树或狮子却不会。这样的发现太多了,根本记不过来,更不用说去数了,但孩子们确确实实掌握了关于世界的这些真理。

他们为什么不一直这样探索下去呢?

在一个没有显露不可信的世界里,谈论信任几乎没有意义,因为缺乏相应的比较。婴儿没有别的选择,只能继续探索这个世界,仿佛它依然是值得信赖的。他还有什么别的选择呢? 幸运的小孩在心智健全且敏感的父母的陪伴下学会了信任。婴儿掌握了理解世界的基本范畴,比如实体、因果关系、重力等自然法则,此外他学会的一项重要内容,便是其他人是如何反应的。**如果因为肚子疼而哭闹,大人就会给你又温暖又甜蜜的东西来缓解疼痛**。卢梭意识到,婴儿的喂养方式会影响到成年后的发展,后来的心理学家证实了这一点,只是没有像他说的那么绝对。美国精神分析学家伯恩斯坦(Haskell Bernstein)反对定时喂婴儿的做法。他认为,如果定时喂养婴儿的话:

> 婴儿挨饿的时间就得更长一些。同样重要的是,对他来说,饥饿、哭泣和喂食之间不存在一致的相互关系。喂食和他自己的活动没有联系——饥食平衡的恢复是任意的,婴儿因不能影响到事情的进展而感到无助。(《做人》[Being Human],第 160 页)

当然，婴儿不会有行动或影响的概念，也没有妈妈和自我的概念。正是在饥饿、哭泣和喂食的过程中，这些概念才得以形成，而且在很大程度上取决于运气。如果我们被抛进一个他人起决定作用的世界里，同样会感到无助。婴儿的饥饿需要安抚，正如他的探索需要回应一样。一个情绪低落或有虐待倾向的监护人是不能满足孩子的好奇心的。当婴儿在寻找解决途径的时候，不称职的监护人看到的只是乱糟糟一团。**每次**玉米粥洒出来，总是落在地上——如果我们对这件事情不再感到惊奇，我们就无法对几乎每个孩子都会展现出来的活泼生气做出回应——我们一点一点地扼杀了这种生气。既然我们早已忘记了自己是如何了解到地心引力的，既然我们得负责擦干地板以免跌跤，我们就不可避免地压抑某些东西或抱怨某些东西。不过，如果我们对孩子的需求做出足够的回应，我们就会鼓励他信任这个世界。

心理学家埃里克·埃里克森（Erik Erikson）认为，孩子的首要任务是学会信任社会，同时又认为不可能达到完全信任。他说了长牙这件事。再幸福的孩子也不能幸免长牙的痛苦，与此相伴，孩子的世界出现了好与坏的分化。孩童的牙齿从嘴里长出来，而这张嘴以前是快乐的主要源头。更糟糕的是,长牙的疼痛只能通过咬东西来缓解——但妈妈却要把嘴里的东西拿走。

> 就个体与自己以及个体与世界的关系而言,最早的灾难恐怕要数《圣经》里发生在伊甸园的个体发育传说。在那里,世界上第一对男女永远失去了他们的权利,再也不能毫不费力地摘取曾供他们自由支配的果实;他们偷吃了禁果,激怒了上帝。
> (《童年与社会》[*Childhood and Society*],第 79 页)

埃里克森认为,长牙具有原型意义,它要我们准备好在我们一生当中,大多数合理的需求都无法在既定世界里得到满足。我们会像彼得·潘那样把这一点忘掉,在适当的条件下学会不加咀嚼地吞咽,而这种反应非常重要,没有它,我们就无法建立对世界的基本信任,以及在世界中航行的能力。"但即使在最有利的条件下,这个阶段也会留下关于灾难和命运的最初意识,以及对失落天堂的普遍怀念。"(同上书,第 80 页)埃里克森总结道,正是为了摆脱这种失去和分离的感觉,我们必须在一生中保持基本信任。

我们来看看一个已经建立起基本信任的婴儿。早在他学会说话之前,他就用各种方式和世界打交道。对别人笑,别人就报以微笑。推推某个东西,它就动一动。有上千种弄错的可能性——我见过婴儿听到风吹树叶沙沙作响就唔唔叫喊——但随着时间的推移,大人们可以不断地感受到自己因为看到孩子把事情弄对而产生的兴奋,孩子知道了行动以及与世界的互动意味着什么。每一个发现都是一次胜利,它肯定了两件事:孩子自身力量的增长和世界的透明性。孩子在天赋的人之理性倾向的驱使中生长着,去追寻康德所说的无条件的绝对者(Unconditioned)。

用康德的大词来理解好奇心的一般发展历程看起来有些牵强,不过,康德对这个过程的描述既自然又直白。理性涉及追问"为什么"的能力,这预设了可能性的概念:**事物可以是另一番样子,为什么它们恰恰是这个样子呢?** 现实则是给我们的东西,不需要我们做出任何有意识的努力;我们需要理性来构想可能性。康德说,理性诞生于我们离开伊甸园之际。在伊甸园,所有的事物都是本来应该有的样子,我们有什么必要去想象事物的另一番样子呢?

当代心理学家认为,我们从两岁开始就有了想象与事实相反情形的能力。实验告诉我们,孩子对新工具拥有的可能性有心理上的预期,并不像黑猩猩那样采用试错的策略。显然,孩子学会说话后不久,她想象事物的其他状态的能力足以让她整天问个不停,为什么事情是这样而不是那样。一旦我们开始问为什么,就不会有停下来的点。为什么会下雨?因为云很重,而且水分很多。但是直到搞清楚为什么水会聚集,而云会变重才算真正有了答案。也许你可以向孩子解释清楚雨、风和雷的关系,但是你解释得越好,孩子提的问题就越多。即使是气象学家最后也会无助地大叫:**因为世界本来就是这个样子的!** 一个探索欲还没有被扼制的孩子很可能会接着问:**为什么世界是这个样子的**?不止天气会激发问题;大多数事物都可以引出问题。但是一旦她开始询问条件——某事物处于现在这种状态的基础,因为她现在能够想象事物的另一番样子了——任何不能把世界作为一个整体来解释的答案都是零碎而令人沮丧的。把世界作为一个整体来解释,就必须回答为什么世界作为整体恰恰是这个样子的。而唯一真正令人满意的答案可能是:因为它是所有可能世界中最好的。

要达到这一点就要达到无条件的绝对者——在这一点上,世界作为整体如此完美,所以压根就提不出问题了。它不是空间或时间上的某个点,因为在现实中它是永远达不到的。在莱布尼茨看来,我们不能达到这个点纯属偶然:如果我们能有上帝那样永恒的生命来追踪每一个问题,我们就能像上帝那样无所不知。莱布尼茨的这个说法预先规定了这个世界是所有可能世界中最好的,因为要不然的话我们还是有问题可以问(例如,**为什么不?**)。在康德看来,尽管我们不断地渴望获得上帝最重要的两个属性,也即,无所不知,无所不能,但我们谁也不是上帝这一事实绝非偶然;这是关于我们最重要的事实。不管我们是否渴望所有可能世界中最好的世界,它不是我们能在其中生活的世界,也不可能是属于人的世界。

如果婴儿没有可能性和事实的概念,我们就不能说,他们相信自己所在的世界是所有可能世界中最好的那一个,我们只能说,他们只能假定自己所在的世界是所有可能世界中最好的那一个。如果埃里克森的理论是对的,我们在长出乳牙的时候就失去了这一假定。如果无条件的绝对者依然是可以想象的,那么它显然就像"安全而没有任何伤害的呵护婴儿的环境,它应该不是一个花园,在那里婴儿不需要花一点力气就可以被呵护备至"。① 毫不奇怪,我们渴望"永远安静平和"的状态。②——差不多出于同样的原因,我们把童年早期理想化了。也许令人吃惊的地方在于,理性发展的最初几步,即脱离婴儿状态迈向自由的最初几步,会集中想象这样一个目标:如果这个目标达到了,我们就会回到我们刚刚摆脱掉的不成熟和被监护状态。然而,从小孩以及形而上学独断论者的角度来看,这个过程是可以理解的。康德讲道,理性的婴儿期是独断论的,它有一个特征,那就是孩子对自己的力量以及周遭环境的可理解性持有一种未加反思的自信。康德进而认为,孩子的自信源自理性最初的成功。孩子体验着自己与日俱增的能力,周遭环境变得越来越融贯,事物越来越可以理解。**世界是我的世界:看我和我的世界是多么合拍!** 而一个孩子,或者一位哲人,没有沿着这条路继续往前走,他会强烈地感受到扰乱;莱布尼兹的形而上学是孩子气的,这么说并不是侮辱。(黑格尔更倾向于

---

① Kant, "Conjectural Beginning of Human History", trans. Allen W. Wood, in Immanuel Kant, *Anthropology*, *History*, *and Education*, eds. Günter Zöller and Robert B. Louden (Cambridge: Cambridge University Press, 2008), pp. 163–75 (p. 168).
② Ibid, p. 115.

称之为童话。)

世界应该是合理的,正是这一想法引导我们尽力去理解世界。这个想法对于人类理性来说非常自然——我们的经验也证实了我们能在一定程度上成功地理解世界——我们不能因为有这样的期望而受责备。莱布尼兹没有真的认为凡人可以做到这一点,不过他将之归结为时间问题:在他看来,只要我们的生命足够长,无条件的绝对者在原则上并非不可企及。正是完美世界的想法驱使我们接近它:我们在科学和艺术中寻求理解,为追求社会公正发动变革。倘若我们达到了无条件的绝对者,那就再也没有什么可追求的东西了;我们就会被推回到类似于婴儿早期的状态。

康德设喻安抚我们。无条件的绝对者不是一个对象,而是一个想法。康德把它比作地平线:你可以不断地朝着地平线前进,但只有孩子才会认为那是一个实实在在可以抵达的地方。如果把无条件的绝对者坐实了,也就是说,把它当做一个代表绝对真理的对象,独断论和麻烦就出现了。只有一种合理的世界观,即一切事物融洽相处,完美合理——这样的看法带有基础主义(fundamentalism)的印记,无论是宗教基础还是其他各种基础主义。在一个孩子身上,这样的时刻是引人注意的,而且是必要的,往往也是无害的。

别再被愚弄了

但是你和世界的合拍只能到此为止。年幼的孩子创造出想象中的玩伴和世界;大人们鼓励他们这样做,让小孩子读很多会讲话的猪或鸡的故事,让大一点的孩子去读魔法书。再小的孩子也能区别故事和现实,但他们可能希望自己房间里衣柜的门可通往另一个世界。这种自我与世界的错置是良性的;如果带点创造性,那就更好了。其根源是我们很早就意识到很多事物除现实的样子以外还有很多可能性,这是科学与艺术的开始。经验告诉我们,有些孩子想象中的玩伴栩栩如生,所以甚至坚持要让别人给玩伴洗澡或喂食,但即使这样,这些孩子也很清楚他们是在玩,而且饶有兴趣地玩着。

然而,总会有某个时刻,你不得不承认有一道鸿沟;不仅是现实世界与你孩子气的愿望(有时光旅行吗? 有独角兽吗?)之间的鸿沟,而且是实然世界和应然世界之间的鸿沟。不管你是否拥有特权,你都碰到过不公正的事。它可以小到玩耍时被人欺负,大至佛陀的父王都无法隐藏的人生之苦。显然,某些动物也能感觉到这一点。灵长类动物学家弗兰斯·德瓦尔(Frans de Waal)和萨拉·布罗斯南(Sarah Brosnan)拿一对僧帽猴做了一系列实验。实验者给猴子指派一些小任务,完成得好就给它们喜欢吃的黄瓜。两只猴子都非常乐意执行任务,比如,把一块石头搬给实验者。后来,实验者奖给其中一只猴子它们更爱吃的葡萄。这时,得到黄瓜的猴子不干了:它把黄瓜扔回给实验者,再也不想搬石头。有意思的是,猴子把怒气撒在引发不公的实验者身上,而不是另外一只受益的猴子身上。这个实验也在不同种类的猴子和其他动物身上展开过。结果表明,人之外的其他很多动物具有粗略的公平意识。(这个实验读着就已经觉得有趣,要是亲眼看到的话该有多么令人吃惊啊!如果在谷歌上搜索"猴子—黄瓜—葡萄",就会看到猴子令人难忘的、我们也许只能称之为"道德愤怒"的表现。)家里有几个孩子的父母对此不会陌生。

不管这是对同样行为的不公平待遇,还是纯粹的暴力,我们已经看到了实然与应然之间的鸿沟。最正常的反应是愤怒,实验中的那只猴子就是如此。你发怒的方式可能不对,但你的愤怒本身是完全正当的。在这里,我们看到了尼采所讲的宇宙之心的形而上学创伤。**事物不是本来应该有的样子**,你也得不到"**应该有的样子**",也不能得到符合心意的**事物**。哲学史上最愚蠢的看法之一,就是认为心灵和头脑必须分开,而且其中一个必须胜过另一个。休谟认为,理性是"无力"的,只是"情感的奴隶"。驱使我们的是理性还是情感?我们大多数人在大多数时候同时运用理性与情感,它们二者处于对话之中,而当我们看到不公的时候,情况便更是如此了。我们稍后再谈休谟。先来谈谈柏拉图的《理想国》,其中描述了一种很自然的愤怒,这种愤怒几千年来单调规律地重复着。

我们对古希腊智者色拉叙马霍斯(Thrasymachus)所知甚少。他的作品如今只剩零散的只言片语。他的名字意为"勇猛的斗士",在柏拉图的笔下,他像一只随时暴跳的野兽一样走进房间。他作为第一部西方哲学著作中的反角而史上留名。苏格拉底和朋友在晚餐前谈论正义消磨时光,色拉叙马霍斯闯入了对话。苏格拉底用他一贯的论辩术,让他的对手界定正义,然后逐一驳倒所有的定义。他们的初步思考既肤浅又老套,有必要予以批驳:**正义是有话实说,有债照还？正义是帮助朋友,伤害敌人？**苏格拉底只需要一个反例就可以一一驳倒它们。

这时色拉叙马霍斯进来了。他年纪轻轻、狂傲不羁,他对辩论的基本评价是:废话。不是因为比他年长的人所下的定义,而是他们花时间谈论正义和道德这件事本身激起了他的愤怒。他们怎么可以如此天真地谈论道德呢？难道他们不知道我们称之为道德的东西只是当权者的发明,他们建立了一系列规则来愚弄我们,道德只是在帮助他们继续愚弄我们？况且,这又有什么错呢？所有的人都应该为自己的利益服务,与道德不符的往往与我们的利益相符。毫不奇怪,聚会上的人难以界定正义:正义是拥有强权的人捏造出来用来压迫弱势群体的。任何把道德语言当回事的人都既愚蠢又幼稚。色拉叙马霍斯犀利地讽刺苏格拉底是否需要一个保姆。这是年轻人对长辈最大的羞辱了。因为只有需要保姆的婴儿才分辨不出羊和牧羊人的区别:羊大概相信牧羊人照顾羊是为了羊好,直到去屠宰场的路上羊还这么想。

色拉叙马霍斯确信自己发现了正义的真谛,正是基于此,他感到愤怒,他羞辱苏格拉底。他不高兴,或者不是只乐意看到长辈受欺骗。他的愤怒伴随着失望。他们毕竟是长者,本应该比他懂得多。据说,色拉叙马霍斯残篇中最长的一段文字论说年轻人代替年长者的必要性:

> 我希望雅典人生活在远古时代,那时年长的人妥善地管理着国家大事,年轻人乐于保持沉默,除非他们不得不说。但是,命运把我们推到了这样一个时代,在这个时代我们必须服从他人的统治,但又必须由我们来承担后果……既然如此,那就有必要站出来说话。[1]

字里行间流露的遗憾显得有些浮夸,但却是真诚的。年轻时的发现让他陷入矛盾。我们无从知晓色拉叙马霍斯写下这段话时,以及与苏格拉底争论时多大年纪,甚至也无从知道他与苏格拉底的对话是否真有其事。然而,以一种与色拉叙马霍斯的本意极不相同的方式,

---

[1] Kathleen Freeman, trans., *Ancilla to Pre-Socratic Philosophers: A Complete Translation of the Fragments in Diels*, Fragmente Der Vorsokratiker (Cambridge, Mass.: Harvard University Press, 1948), p.141.

柏拉图抓住了一个近乎永恒的真理:青年人的愤怒意味着,他意识到那些曾经生于斯长于斯的确凿无疑的东西实际上漂浮无据,从而下定决心怀疑一切。康德在《纯粹理性批判》中的一段论述仿佛就是在说色拉叙马霍斯:

> 他所看到的乃是具有新奇的魅力的诡辩论证,和已经失去这种魅力的诡辩论证相对立的论证,而且后一种论证反会引起他的怀疑,因为原来实际上是利用了他的少年人的轻信,因而他就开始相信为了表示他已经长大到不需要儿童式的管教,最好的方法莫过于尽行丢弃这些好心好意的警告;而由于习惯了独断论,他就大口吞下以相反的独断论来毁灭他原有的原理的那种毒药。[1]（A755/B783）

柏拉图对话录中的其他对话者只不过是苏格拉底的陪衬。色拉叙马霍斯与众不同,他让苏格拉底感到害怕。这也在情理之中:色拉叙马霍斯所批判的问题并非假问题。他把矛头指向习俗权威所依赖的某种谎言。

---

[1] 参见康德:《纯粹理性批判》,韦卓民译,华中师范大学出版社,1991年,第634页。后文《纯粹理性批判》引文翻译均参照此译本,不再另注。——译注

我们可能不会注意到色拉叙马霍斯要讲的意思,除非我们想到,政治家高唱自己并不奉行的道德原则,希望借此让公众保持沉默。色拉叙马霍斯看穿不少这类事情之后,决定反对一切假道德原则而行的事情。大肆宣传正义的政策到头来不过是自我夸大;色拉叙马霍斯由此认为,没有人会正义地行事,他的动机只能是自我夸大。我们不妨把色拉叙马霍斯称作史上第一位后现代虚无主义者。他是第一个试图论证以下命题的人,即道德的要求是那些追求权力的人造出来欺骗我们的,同时也带着某种程度的自欺欺人。从马基雅维里、霍布斯到福柯,思想家不断提出类似的复杂程度不一的论证。这些思想家——以及你的邻居和青少年——有一个共同点,那就是揭露真相的意识。这个意识不能简单地看作是我们熟知的表达新见解的欲望的产物。让色拉叙马霍斯感到羞愧的是,自己以前愿意相信可敬的独断论长者,于是他下定决心不再被愚弄。因为他相信,他已看透一切。只有成年人才明白,这并不意味着他已经看透一切。

如果说色拉叙马霍斯是第一个有文献记载的提出道德只是自私自利、具有欺骗性的修辞的思想家,那么,柏拉图就是第一个认为正确的反应应该是为道德提供基础的思想家。但这是不可能的。休谟会优雅地指出你不能从实然推出应然。为了回应色拉叙马霍斯,柏拉图提出一种形而上学理论为道德实在奠基,结果产生了伟大的哲学——长达十卷的《理想国》。但是,即便柏拉图的学生亚里士多德也不认为柏拉图已经解决了问题。难怪每个时代都会出现许许多多色拉叙马霍斯,纷纷挑战性地揭露美德是强势群体的胜利,他们已经成功地骗取了弱势群体的信任。每一次揭露都显得很艰难,但从根本上来看是真实的:你可能会被听起来很高尚的言辞愚弄,但是我足够勇敢诚实,能看穿言辞背后的操纵。

忘记这样的讨论可追溯至柏拉图时代的人常常天真地想象,古代是一个天真的黄金(或者说是镀金的)时代。他们相信,宗教曾经是道德的基石,人们将生活置于其上的真理是安全而毋庸置疑的;只是到了现在,我们才会透过宗教和道德表面的确定性看到它们真实的操纵性基础。只要有一点点历史知识——或者,稍微看一下当代逊尼派和什叶派穆斯林之间的血腥斗争——就可以看穿宗教主导的社会比我们现在的社会更安全的谎言。也许上帝在天堂统治着万物(尽管无神论者早已怀疑他的存在),但是有关其性质的争论比我们现在的任何争论都要复杂激烈。人们不断地互相厮杀,为了证明这个或那个概念,而苏格拉底因为触犯了西方思想发源地的宗教而被判死刑。个别人可能会感到奇怪,质疑一切现成的教条并提出了挑战,这几乎和那些教条本身一样由来已久。这一类揭露如果见得多了,或许你就会赞同英国哲学家伯纳德·威廉斯(Bernard Williams)的说法:它很快就变得非常无聊,没有任何解释力,把知识化约为权力的主张甚至不能"解释听从某人和被某人殴打之间的差别"。[1]

然而在康德看来,从独断论的确定性到彻底的怀疑论的转向在成长过程中起着关键作用:

> 在纯粹理性问题上标志着其幼稚时期的第一步,就是**独断的**。其第二步是怀疑的;而这一步,是表示经验已经使我们的判断力变得更聪明而更慎重了。……所以,怀疑主义乃是人类理性的休息所,在那里理性可以反思它的种种独断性的流浪经

---

[1] Bernard Williams, *Truth and Truthfulness* (Princeton, NJ: Princeton University Press, 2002).

> 历，而检查一下它所在的地区，使得它将来可以更正确地选择它的途径。（A761/B789）

毫不奇怪，康德认为尽管怀疑论是必要的休息地，但它不是永久安居的处所。他仍然坚决反对各种试图审查怀疑论立场的做法，因为"怀疑论者是一个监工，他迫使独断论的推理者对于知性与理性发展出一种健康的批判"。（A769/B797）

康德的论述显然带有自传色彩；他写道，是卢梭改变了他的人生，为他指明了方向，而让他从独断论的迷梦中觉醒过来的则是休谟。卢梭和休谟都对根深蒂固的观点持怀疑和反对态度。上文我们已经看到，卢梭对既定秩序的愤怒不仅引发了比色拉叙马霍斯更具体更深刻的批判，同时还给行动留下了空间，这比色拉叙马霍斯对任何统治权力犬儒式的默许要好得多。这样的怀疑论是无害的，因为它揭露真相的潜力是无限的。如果**每一个**道德要求都是权力的面具，为什么不来点威士忌、烟草或别的麻醉剂，从而游走于权力之间？去神秘化的冲动必须先行于改变的意愿，但改变仅有此是不够的。卢梭对意识形态掩盖下的权力关系的批判无疑与色拉叙马霍斯一样犀利，但色拉叙马霍斯的修辞技艺还不足以创造出像艺术家和知识分子编织花环掩饰捆绑我们的枷锁之类的画面。然而,他们都对现实世界和他们从某些事物中领会的世界应该有的样子之间的不一致感到愤怒,这种感受在青春期极其自然,这是他们思想的起点。

这样的愤怒可能指向出生本身所带来的虚假希望。每一个新生命的诞生都隐含着全新开始的热望,但经验很快就告诉我们,我们出生在关系网络之中,这张网在支撑我们的同时束缚着我们。只要我们稍微长大一点有了一定的经验,就会明白我们来到的这个世界是给定的,很少顺遂我们的意志。很多时候我们甚至难以融入这个世界。为了从根本上重组这个既定的世界,卢梭选择了很多青少年都会选择的路径。青少年发现世界不是它本来应该有的样子,因此感到愤怒,进而秉持一种理想主义。年轻人都知道这种理想主义,但到后来往往放弃了它。("一个人在二十岁以前不是社会主义者,他是没有心灵的;一个人在四十岁以后仍然是社会主义者,那他就是没有头脑的。"这句话包含很多错误的概念,它误解了心灵与头脑之间的关系,而且还带着轻薄口吻。)可以肯定的是,青春期对于实然与应然之间差距的愤怒令人疲惫沮丧。这种怀疑总是源源不断地提出我们无法回答的问题,也很少有人有耐心听一听我们试图给出的回答。生命真的长到足以一次又一次地屈从这样的事吗?"我再也不想见到那个人",卢梭先前的好友狄德罗说,"他使我相信魔鬼和地狱。"不难理解,不断反抗现实的毕生战斗会让他发疯,也会让他身边的大多数人发疯。我们已经看到,卢梭极力主张创造一个合理的世界,这最终使得他不可能为一个不合理的世界教育孩子。尽管如此,比起色拉叙马霍斯滔滔不绝的抨击,卢梭这已是愤怒所能带来的更有成效的结果。卢梭没有停留在仅仅批判实然与应然之间的差距,他往前迈了一步。能走多远,就要看我们自己了。

无论是卢梭表现出来的理想主义,还是我们在色拉叙马霍斯那里看到的蔑视都伴随着愤怒。不过,实然与应然之间的差距还可能引发愤怒之外的反应。在我们这个时代,更普遍的反应是那种我们在休谟的著作中可以看到的文雅的认知。休谟1711年出生在苏格兰,家境优渥,后来成为英语世界最重要的哲学家,但他从未得到过他梦寐以求的大学教职,也没有得到过像牛顿那样的荣誉。他做过布里斯托糖商的伙计,他把这段经历称作在生意上的"浅尝辄止的尝试"。之后他主要担任过一系列的外交职位,趁职务之便去了维也纳、都灵,更重要的是巴黎,在那里结识了启蒙运动沙龙里的主要人物。其中之一便是卢梭,当时卢梭正因《爱弥儿》攻击宗教身处被捕的危险。出于对卢梭的同情(他想知道卢梭的书接下来会写些什么),休谟在英格兰为这个瑞士逃亡者安排了避难所。但是,除了对传统宗教的厌恶外,他们就没有别的共同点了,两人的关系很快就恶化。关于他们关系恶化的传言大都说错在卢梭,他指责休谟煽动针对他的阴谋。但不管他们争吵的直接原因是什么,很难想象这样两个截然不同的灵魂如何相处。卢梭怀疑讽刺,休谟怀疑的是真挚;卢梭因为实然与应然之间的差距提出重塑世界的要求,休谟倾向于放弃应然。休谟写道,如果一本书既无关乎数学推理,又无关乎实在事实,那我们就可以把它投在烈火中,"因为它所包含的没有别的,只有诡辩和幻想"。① 数学与实在事实:很明

---

① David Hume, *An Enquiry concerning Human Understanding, and Other Writings*, ed. Stephen Buckle (Cambridge: Cambridge University Press, 2007), Book 12, Part Ⅰ, Section 34, p. 144. (译文参照休谟:《人类理解研究》,关文运译,商务印书馆,1957 年,第 145 页。后文《人类理解研究》引文翻译均参照此译本,不再另注——译注)

显,应然两者都不是。休谟的《人性论》(1739年)中一段很有名的文字把这个问题阐述地比任何前人都要清楚:

> 在我所遇到的每一个道德学体系中,我一向注意到,作者在一个时期中是照平常的推理方式进行的……可是突然之间,我却大吃一惊地发现,我所遇到的不再是命题中通常的"是"与"不是"等连系词,而是没有一个命题不是由一个"应该"或一个"不应该"联系起来的。这个变化虽是不知不觉的,却是有极其重大的关系的。因为……这个应该或不应该表示一种新的关系或肯定。[1]

应然不是世界的一部分,也不能从世界所包含的事物中推导出来。据现在最准确的估计,世界上有八百万儿童像奴隶一样地工作,但这一事实本身不能告诉你事情不应该是这样的。事实描述世界是什么样子;要得出世界应该是另一番情形,这需要思维上的跳跃。休谟认为,这一跳跃无法由理性完成,因为理性是无力的;在他

---

[1] David Hume, *A Treatise of Human Nature*, ed. David Fate Norton and Mary J. Norton (Oxford: Oxford University Press, 2000), Book 3, Part I, Section I, p. 302.

看来,每一个这样的判断都与情感有关。如果想到童工让你觉得很糟糕,你就会谴责这样的现象;如果并不让你觉得糟糕,你只会打哈欠。在任何情况下,理性都不会对事实表态。

虽然我不得不承认休谟的成就,但他在探究我们与世界之间的裂缝时所表现的冷静让我不寒而栗。他的语调听起来似乎只是指出前人忽略的一个逻辑上的小问题,但他的论述直接触及有史以来与人的境况有关的大部分问题的核心。我们不能从世界的事实中推论出我们应该在世上做些什么。因此,为什么不把这个问题留给人类,让我们随着历史进程弥补它?弥补不是任意的;休谟认为一般的心理机制解释了为什么一些风俗习惯保存下来了而另外一些却没有。但是,不管多么普遍的机制都不能成为理由,甚至也不能成为休谟所阐明的原因。它们就是事物所是的方式。

虽然用语极为平静,但休谟的批判的震撼力远远超过色拉叙马霍斯。色拉叙马霍斯认为,道德实际上全都是用来掩饰现有的权力关系的。他大声谴责说,这就是世界运转的方式,但他并没有举出相应的理由。休谟要深刻得多,他打算挖空我们立足其上的概念基础。这里有一个逻辑结构:实然只是实然,对于关于应然的断言都是与我们自己的愿望和欲望有关的断言。我们为什么要想象这两者是有关联的呢?他很少在书中提到孩子,甚至很少拿孩子作比喻。当然,休谟从不认为想要把实然与应然衔接的欲望是孩子气的。但是,他那平淡却尖刻的笔调暗示着,在他的理论面前停滞不前的人都是天真得不可救药。

休谟的意图并无革命性。他的怀疑主义反思几乎不造成什么后果,他也没有足够认真地对待这些反思,让它们干扰到自己的生活。根据他的研究,关于那些我们的生活建基其上的命题——太阳第二天早上会升起来;弑父罪大恶极,甚至包括一事引发另一事的因果关系——我们对其并没有真正的知识。

> 我在什么地方?我是什么样的人?我由哪些原因获得我的存在,我将会返回到什么状态?……我被所有这类问题迷惑了,开始想象自己处在最可怜的情况中,四围漆黑一团,我完全被剥夺了每一个肢体和每一种官能的运用能力。(《人性论》卷一)

他接着说,幸运的是,只要一顿美餐、一局双陆棋和一两位开心谈笑的朋友就可以驱散"这种哲学的忧郁和昏迷",几杯雪利酒下肚它们就显得荒唐了。看起来这一切都散发着英式俱乐部的平静气息,但别忘了,有一个论题,休谟对它的疑惑的的确确影响了他的个人生活。他是无神论主义者的传言妨碍他谋得大学教职,他最精彩的书《自然宗教对话录》(*Dialogues Concerning Natural Religion*)(1779 年)只能死后出版。不过在其他任何事情上,休谟不仅服从风俗习惯,而且把风俗习惯作为我们生活的基础。正是习惯让我们相信太阳明天早晨会升起,也让我们打桌球的时候相信如果打准红色球就能使其他球滚到我们想要的地方。习惯和习俗,不需要太多反思,一直是我们行动的基础,因为观察能告诉我们的东西太少了,而理性又太弱了不足以指导我们。让风俗和习惯引导我们是最好的选择。

如果占星,甚至考察一般的道德问题,那么依据习惯和习俗,有其合理。但把休谟的观点用到政治上就出问题了。儿童被迫在矿井、厨房或妓院工作,你可能会觉得这样的事实令人震惊。但是,既然正义与事实或数学无关,你感到震惊这一事实仅仅是一个和你以及你的情感有关的事实——你碰巧憎恨或喜欢某些东西。在休谟的时代,他所生活的城市里有成千上万的儿童靠劳动过活,日子比奴隶好不了多少,而这样的事碰巧是风俗习惯。几乎没有一个知识分子认为,这样的习俗习惯值得置喙。休谟肯定不会认为有什么好说的。要等到一个多世纪之后,由于一场由并非源自经验的正义思想(经验不包含正义思想)所推动的声势浩大的劳工运动,英国的童工才得以终止。同时,休谟"在文学界扬名立万"的根本激情最终随着六卷本《英国史》(*History of England*)的畅销而得到了满足。在他有生之年,他的哲学论文都没有受到过太多关注,大英图书馆的图书目录仍然把他列为"大卫·休谟,历史学家"。

《英国史》在新大陆并不是那么受欢迎。托马斯·杰斐逊把这本书列为弗吉尼亚大学的禁书,因为担心它会"在美国传播保守主义"。萨缪尔·约翰逊的看法恰恰相反,他说休谟不是真正的托利党人,因为他"没有原则;如果他有,那他也是个霍布斯主义者"。我们暂不考虑保守党与霍布斯之间的关系,但休谟确实被称为英国现代保守主义之父,而且埃德蒙·伯克对法国大革命的抨击援引了很多休谟的思想。可以肯定的是,休谟的形而上学没有对现成的秩序提出多少反思性挑战。实然与应然之间的距离就是产生问题的地方。如果你把应然当作没有根据的东西抛弃掉了,你又从何处着手提出问题呢?

休谟的语气听起来像是个成年人,与《彼得·潘》中的人物达灵先生极其相似。英国哲学家以赛亚·伯林称赞《英国史》"平静、合理、舒缓、温和、条理清晰、散文意味浓,具有讽刺意味和强烈的现实意识"。[1] 伯林称赞休谟与反理性主义者不同,认为除去情感足以使事物合理。休谟的笔调既舒缓又平静,礼貌得令人舒适。**再来一杯雪利酒吧,你的疑虑就会消散**。法国人不会无缘无故地叫他"好大卫"。不管你有没有因果、正义或法律观念,日出与日落总是周而复始。这是一种安慰人的温顺口吻,而且很多读者得到了安慰。如果观念和理想都是不真实的,哀叹应然与实然之间的差距有什么用,更不必说费神缩小这一差距了。你希望找到一个支点,可以让你对奴隶劳动的谴责超过你对鳕鱼的厌恶——这是残存的孩子气的愿望,你想成为美好世界的

---

[1] Isaiah Berlin, "Hume and German Anti-Rationalism", in *Against the Current*, ed. Henry Hardy, 2nd edition (Princeton, NJ: Princeton University Press, 2013), p. 235.

一分子是你残存的打开一道门通向神奇大陆纳尼亚的童年幻想。

如果这样的观点听起来像成年人,那是因为我们已经被一种错误的成熟观愚弄了。卢梭和休谟代表了面对实然与应然之间的不一致所做出的两种不同反应。说卢梭轻视实然而休谟轻视应然,这太简单了,也很难对他们俩做出公允的评价。康德会为我们认真对待这两个人感到欣慰——如果我们想要成为成年人,我们不仅要在内心默认,还要能够积极地宣示我们是。

不满足的心灵

待你长到有能力拿起像本书这样的书时,你就已经知道了,世界不是你的世界,而你别无选择。在很小的时候感受到的新奇可能还会在某些时刻再度出现;美妙的乐曲、迷人的风景、新的爱情故事,自己生孩子,这些事情都会再次激发新奇之感。(如果是后者,你就不得不提醒你自己,婴儿和世界打交道并非总是带来好奇。还有很多让人感到害怕失望的事情。好奇是一种安慰。)但这样的时刻只是一种回响,而且很少出现。这样的时刻让我们心怀感激,同时又满心惆怅,因为不管多微弱,它们让你想起,在过去某一个阶段这样的时刻多得不得了,像是充满了整个世界。曾经使你惊叹不已的只是一串钥匙;现在你得去优胜美地(Yosemite)或者爱尔兰西海岸才能有那样的惊叹。有人说,正确的注意力训练会使你在一片树叶上或一杯咖啡里找到惊奇。我从未找到其中诀窍,虽然这可能是我个人的失败,但即使是声称可以在一般事物中获得奇妙感觉的人也承认这需要费很大的工夫。

耀眼的世界逐渐暗淡,你已经接受了这一点。(发出乳白色光芒的东西只不过是草上的露珠。)你曾经震惊地发现,世界不仅不再耀眼,而且在很多方面可怕得厉害,但这样震惊也已经开始逐渐消退。一些不公正的事仍然使你感到短暂的震惊。例如,一个倒霉的告密者被长期关押,下令折磨他的人大致上是不公正的,但我们仍然需要这样的人。也许就像办公室里的某个恶俗的同事得到了升职,而你默默无闻的努力并没有得到认可。不管这样的经历如何令人痛苦,它都不再使你感到像是站在深渊的边缘,看着实然与应然之间裂缝张开在你面前。你以前见过这样的裂缝,这意味着你已经开始习惯它。有些人得到了黄瓜,而另外一些人却得到了葡萄,在很多时候,你很难再有那样的愤怒,就像很难再有更早以前经历的好奇一样。

这听起来很成熟,但也是为什么很多人害怕成年的原因之一。随着时间的推移和经验的积累,很多事情在重复,重复得越多,惊奇的事物就越少。惊奇褪去后,热情也会消退。事实是同样的,但你的感觉不再灵敏强烈。这不是恩惠吗?生活固然变得昏暗不明,但也变得不那么令人感伤。有些人曾经痴迷于跳舞,一直跳到天亮,现在满足于早点爬上舒适的床,枕上舒适的枕头。锐气消失了,但宿醉也不再有了。你学会了不要太依赖身外的事物,朋友和运气都可以失去,你看到过洪水、饥荒或战争夺走生命。你得出这样的结论:解决办法只能从内心寻找。你不能控制很多事情,但是通过决心和实践可以学会如何控制自己的情绪,至少可以确保外界发生的事情对你的影响小一点。你已经在原则上接受了你和世界之间的间距。世界是不稳定的,有时候是不可信的,而且广阔无垠;相反,你的灵魂非常有限,但可以塑造成你想要的样子。如果你把目光转向内部,你会睡得更香,受到的伤害更小,因为好的灵魂是在什么都没有的情况下造就的。

  某位大腹便便的大叔要是提出上述建议,那他可能正在读斯多葛哲学,或者在很多现代自助手册上可以看到它们的劣等变体,但他肯定没有钻研过康德。说句公道话,康德的世界观很容易和斯多葛学派的世界观混淆起来。和那个时代所有受过教育的人一样,康德是在阅读罗马哲学家的著作中长大的,而在他的著作中也可以找到一些罗马哲学家的修辞。从《道德形而上学的奠基》(*Foundation of the Metaphysics of Morals*)(1785年)的开篇来看,康德可以说是西塞罗或奥勒留专家,想来受过他们的影响。康德最著名的伦理著作一开篇就提醒我们,如果缺乏美德,命运的馈赠无论是权力与财富,还是健康与幸福都将一文不值。因此,唯一的善,其本身就是善的善,乃是善良意志。

> 如果由于生不逢时,或者由于无情自然的苛待,这样的意志完全丧失了实现其意图的能力。如果他竭尽自己最大的力量,仍然还是一无所得,所剩下的只是善良意志(当然不是个单纯的愿望,而是用尽了,竭力所能及的办法),它仍然如一颗宝石一样,自身就发射着耀目的光芒,自身之内就具有

价值。① (《道德形而上学原理》,第1页)

这听起来有点像波爱修(Boethius)的观点,他的《哲学的慰藉》(Consolation of Philosophy)是整个现代初期流传最广的欧洲世俗文献。阿尔弗雷德大帝(King Alfred)、伊丽莎白一世和乔叟都翻译过这本书。该书写于公元524年,当时作者在监狱里等待非常可怕的处决。全书采用了波爱修和智慧的"哲学女神"对话的形式。可怜的波爱修哀叹道,他仅仅是遵循了柏拉图的教导:国家由哲学家来统治会更好一些。现在他从私人研究转向公共生活,得到的回报却是谋反的指控。那么,哲学能提供什么样的安慰呢?作为回应,"哲学女神"专门探讨了宝石般的美德。美德比起命运的任何馈赠都更加绚丽夺目。但她又往前迈了一大步:她说,她更偏爱坏运气。

> 好运来巴结我们的时候,总是用幸福的假象来蒙蔽我们。厄运总是真实的,而且表现出其变化无常的特点。前者欺骗我们,后者指引我们。前者表

---

① 译文参照康德:《道德形而上学原理》,苗力田译,上海:上海人民出版社,1986年,第43页。——译注

现出虚假的祝福,束缚着人的心灵,而后者让人们意识到幸福的脆弱,从而使人们的心灵更加自由。①"哲学女神"没有回避特例。她说,在她的帮助下"苏格拉底战胜了不公正的死亡"。

如果面临处决,任何形式的坏信念,只要能安慰你都是可以谅解的。在只有一半的孩子能活到成年的时代,人们很容易接受常被提及的斯多葛学派的看法:每次亲吻孩子的时候都要提醒自己,孩子很可能明天就夭折了。将苏格拉底之死看作命中注定,想到自己孩子很可能会夭折,是为了武装自己,减少这样的事情带来的痛苦和愤怒。如果你恰当地训练自己的情感,这些事情本身会伤害到你吗?因为"外部事物无法触动灵魂,哪怕一丝一毫……摆脱判断,摆脱'我受伤了',你就能摆脱伤害本身。"(奥勒留《沉思录》[*Meditations*], v. 19; vi-ii, 40)

有时候不妨试一试。但即便是像脚踝扭伤这样的小伤也让人难以摆脱。最近有一次,我倒在柏林的人行

---

① Boethius, *Consolation of Philosophy*, trans. P. G. Walsh (London: Oxford University Press, 1999), pp. 37 - 8.

道上,口中不停地对自己说:"只是有点疼,会过去的。"当然,我这样做不是像奥勒留所说的那样试图去否认伤痛,而只是提醒我自己痛苦是有限度的。对于真正的痛——失去爱或生命的痛——这样的祷文是无效的。在康德看来,斯多葛的建议是针对神而不是针对人的,虽然神没有这样的建议也会过得很好吧。斯多葛学派认为,我们可以通过处理我们内心的不满来修复我们对世界的不满。削弱我们的情感,直到世界上没有任何事物可以触动我们的情绪,这样我们就能获得独立和满足。在斯多葛学派看来,意识到自身的美德并在其中得到满足的心灵既是最高的善,也是唯一真实的善,因为没有东西可以摧毁它。

与传言相反,康德并没有反对情感。他明确否定了情感是罪恶之源的说法,而且坚信我们应该努力培养正确的情感。和所有稍微有点常识的人一样,康德知道人们越是做着应该做的事情的时候越是感到快乐,也就越有可能去做这些事情。和所有启蒙运动的优秀导师一样,康德的教导之道不是虚假广告,比如向人们承诺做该做的事情自然就会快乐。康德之前的哲学家手腕灵巧、爱耍花招,用各种折中办法把幸福和美德等同起来。

伊壁鸠鲁主义坚信幸福就是美德：顺从你（觉醒之后）的自利之心，由此而来的好处甚过伤害。如果这个观点在康德看来是自私而懒惰的，那么听起来更高贵的斯多葛主义显然是骗人的。你可以告诉自己，世间所有的美好都是过眼烟云，而真正的幸福存在于美德之中，如果这样能帮助你高昂着头颅面对处决，人们没有理由反对。即便如此，你还是否定了一个关于存在的基本真相：美德是一回事，幸福又是另一回事，尽管在很多情况下两者重合，但它们从根本上来讲是分离的，就像你和你的世界是分离的。接受这样的真相需要坦诚，需要成熟。

尼采把斯多葛主义叫做奴性道德，是弱者给予弱者的安慰。这是对埃皮克提图（Epictetus）的冷嘲热讽，他正是出身奴隶阶层。当然，虽然斯多葛学派的重要人物里有像奥勒留这样的皇帝。奥勒留看到命运变化无常，就把注意力集中在他认为我们能控制的事物上，即我们灵魂的内在。在康德看来，这意味着斯多葛学派犯下了不诚（bad faith）的双重罪。康德自称是先验心理学家，但他依然是卓越的普通心理学家。康德清楚且深刻地意识到我们自欺欺人的倾向。我们永远无法确定我们的灵魂里面究竟有什么，虽然新近的学术研究如精神分析可以揭示自我欺骗的某些部分,但即便是弗洛伊德也不相信我们可以完全消除自我欺骗。如果我们足够诚实,就知道我们有责任去发展良好的倾向、否决卑劣的倾向——不仅是对他人,首先最重要的是对自己。我们可能会努力去过一种高贵得体的生活,但我们绝不会知道我们能否过上,而且,我们对自己的德性越是确定,拥有那样的生活的可能性就越小。因此,斯多葛学派通过控制自己的灵魂来达到控制**某些东西**的尝试注定要失败,而且有可能导致装模作样或自以为是。

双重不诚:声称只要有美德就可以通向幸福,这是狐狸的酸葡萄的动人翻版。如果他已经有能力获得幸福,那么他就会尝到葡萄的甜味。人们对幸福的渴望不是没有价值的,同时它也不会轻易冷却或消散。康德观点的核心可以在《道德形而上学》的开篇找到,看起来似乎与斯多葛学派的观点并无二致。善良意志像宝石般闪耀,这没有问题,但它也是配享幸福的必备条件。康德通过"配享幸福"这个概念引入了理性概念。如果你为了配享幸福而生活过——只要你能说,自己已经尽了最大努力——但却一直不能得到幸福,那么,你的理性而不是情感会起而反抗。

是理性让你相信世界应该是合理的。但**事实并非如此**;这是孩子、莱布尼兹、黑格尔和其他独断论思想家犯的错误。理性是康德所谓的规范性原则(regulative principles)的源头。规范性原则不是要告诉我们世界是什么样的,而是要引导我们在世界上行动的方向。理性迫使你追问为什么事物是这个样子的,从而引导你追寻世界的合理性。对于理论理性,这样的追寻成就了科学;对于实践理性,其结果则是一个更加公正的世界。在一个世界里,如果配享幸福的人却极易遭受痛苦和压迫,那它就是一个有问题的世界,理性对此难以容忍。再往前一步试想一下:**儿童应该受到虐待,虐童的人应该获得好运和名声**。萨德侯爵(Marquis de Sade)就曾这样断言。不过,他本人的违禁行为从未到过其小说人物那样地步,人们怀疑上述断言其实并非真话。我们当然知道在我们所处的世界,正义的人往往遭受痛苦,而恶人常常飞黄腾达。但是,要认为世事**本应如此**,这就超出了我们的理解范围,让人晕头转向。

但你可能会说,等一等。**休谟不是告诉过我们,应然——不像实然——它无法在经验中找到吗?**

他的确这样说过。这也是康德从独断论迷梦中惊醒的原因之一。康德把他的整个形而上学称之为哲学上的哥白尼式转向,它得益于休谟怀疑论的激发,后者促使他绘制经验要素的地图。"著名的休谟就是人类理性的地理学家之一,这种地理学家以为把所有人类问题摆在人类理性地平线之外便充分地处理了这些问题——而这是休谟所不能确定的地平线。"(《纯粹理性批判》A760/B788)康德自己的地理学赋予这一地平线以另外的意义:理性所有的努力都指向它,但永远达不到它,就像任何地平线一样。一个在沙漠里旅行的人或是在茫茫大海上航行的人看着地平线要走一段极其漫长的路;类似地,理性不可能成功地到达无条件的绝对者,但是理性聚焦于它可以获得不断前进的动力。不过,理性必须首先检讨自身的能力,这正是《纯粹理性批判》的任务之所在。

我们无法在这本小书里充分讨论这一点。就我们当前的目的而言,只能满足于指出《纯粹理性批判》证明了休谟对经验的理解过于简朴,不足概括人类经验。怀疑论不是什么新鲜事。康德认为,理性的成熟过程中自然要经历怀疑论。至少从古希腊智者开始,人们就已经指出理性的弱点和愚弄人之处。休谟的怀疑论之所以比古希腊智者更有力量,不仅是因为文辞优美,更重要的是因为建立在牛顿物理学理论之上,这一理论模式为理智成就设置了新的标准。不同于之前出现的任何模式,牛顿似乎展示了一种绝对确定的知识模式;自那以后,科学及其他所有学科都要有可靠的数据。年轻的休谟认为,那些不包含数学公式或对经验直接观察的东西必须付之一炬,因为它们只包含幻想。这样的东西不仅包括独断论的形而上学,而且还包括我们的生活建基其上的大部分假设。

康德论证说,休谟对经验理解太狭隘了,所以根本解释不了经验。如果我们的心灵像休谟所说的那样运转,就不可能有牛顿科学以及那些简单得多的理智活动。按照康德的理论,我们在世界所占的位置比休谟所想的既更大又更小。我们不可能获得无中介的经验材料,相反,经验材料总是经过范畴的加工与塑造,我们的心灵正是通过范畴来制作经验。如果认为这是"成问题"的,那就相当于去幻想大概只有上帝才可能有的无中介的直接经验。休谟说得对,我们不是像感知球和球杆的关系那样感知原因,因为原因是我们加给世界的一个概念。康德的先验演绎(Transcendental Deduction)指出，因果性是我们拥有任何融贯经验的必要条件。如果没有因果性，没有包括实在、统一在内的其他范畴，我们就不可能感知对象，更遑论对象之间的关系了。也许我们还是会经验到一堆乱糟糟的感觉材料，但即便这一点我们也无法确知。

康德把我们的心灵划分为不同的能力（faculties），大致相当于通常所说的功能（functions）。它们包括感性（sensibility）、知性（understanding）和理性（reason）。让这些能力各行其道很重要。我们通过时空形式感知到感性所提供的材料，通过概念感知到知性所提供的对象。那么，被康德称为最高能力的理性有何作用？前面已经看到，是理性促使我们去追问为什么。正是通过感性和知性，我们体验到如其所是的世界，即自然总体。借助无条件的绝对者这一概念——世界作为一个整体是合理的——理性后退了一步。

正是这后退的一步允许我们对经验提出问题，做出判断。和感性与知性提供的形式不同，理性不是经验的必要部分。没有理性，经验也是可能的，只是非常勉强。很小的宝宝探索他们所面临的世界并痴迷其中，这时他们可能还没有理性概念。只要他们开始想象事情或许可能是另一番样子,并且追问为什么不是,他们就是在运用理性。也就是这种理性可以使他们追问为什么苹果会往下掉,为什么月亮与潮汐相联系,以及是否有解释这些现象的普遍法则。如果没有休谟看不上眼的理性能力,他所崇拜的牛顿很可能还困在果园里呆望着苹果树。

康德对休谟的回答同时也是对斯多葛学派的回应。因为科学必不可少的理性同时也是道德律令的源头。一个合理的世界(理性最重要的观念),必须作为一个整体是合理的。无论是科学领域,还是社会正义领域,正是同样的动力驱使我们想象事物在既定样子之外的可能性。这种动力无关乎喜欢或厌恶,愿望或激情,而是出自我们无法根除的理性的要求。在愤怒或顺从的状态下,理性可能被否定,但它不可能被彻底摧毁。在斯多葛学派看来,拒绝接受一个既定的世界,这是人的弱点,可以通过改变情感来治愈。在康德看来,这种拒绝恰恰是人的力量。康德之后有人认为,我们之所以无法接受现实,其根源在于一些幼稚的愿望,在成长的过程中应该抛弃这些愿望。在康德看来,这种拒绝源自理性批判的声音,它正是人们需要听到的声音。

故此,哲学本身就是成长的关键。这点不足为奇,很多哲学家都有这样的思想倾向,只是思考的方式各不相同。例如,黑格尔认为"哲学的目的是为了捍卫现实使其免受诋毁"(《世界史哲学讲演录导论》[*Introduction to the Lectures on World History*],第67页)。黑格尔为了让我们感到满足,告诉我们现实是合理的。海涅称他为德国的潘格罗斯(Pangloss),①但事实上这位威名赫赫的教授承认他受益于莱布尼茨:

> 我们的研究可以看作是一种神正论,是对上帝的辩护(例如,莱布尼茨在他的形而上学中运用既抽象又含糊的范畴所做的辩护)。它应当有助于我们理解世间一切不幸,包括罪恶的存在,从而使得思索的灵魂能够与存在的消极面向达成和解。(同上书,第43页)

要论证现实是合理的,而不是像它看起来那样不合理,这一直是一项令人生畏的任务,需要极其复杂的理智训练才能胜任。莱布尼茨认为,只有上帝才有能力完

---

① 潘格罗斯,伏尔泰哲理小说《老实人》(*Candide*)中主人公坎迪德(Candide)的老师,认为现实世界是最美好的世界。——译注

成这样的任务。相当多的迹象表明，黑格尔把自己等同于上帝，可能正是这一点诱使他试图去证明莱布尼茨只给出断言的东西。假如有人告诉你，黑格尔本人所讲的历史的屠宰场乃是那项旨在推动人类进步的必不可少且不可避免的计划的一部分，那么，你对屠杀的愤怒就会像孩子长牙时的疼痛那样短暂。孩子要是知道长牙是长大成人过程中的一个环节，他也许就会得到安抚。同样的道理，你会打消疑虑，相信那些让你感到愤慨的不公平现象对于历史的计划来说是绝对必要的。哲学就像摇篮曲？黑格尔和莱布尼茨一样具有神奇的魔力，把我们带回到原位，接受既定的世界，不是因为我们追随斯多葛学派把我们自己从既定世界中抽离出来，而是因为我们明白了既定世界本身的本质和必要性。

在康德看来，哲学在帮助我们成长方面所起的作用恰恰是相反的。它不会安慰你，也不会减轻你的疼痛；实际上它一定会使你的生活更加艰难。因为现实是**不**合理的，理性的任务是确保我们不会忘记这一点。通过独断论与怀疑论之间的辩证法，哲学引导我们尊重两者都包含的好奇和愤怒。它要求我们认识到**实然**和**应然**之间的差异，同时却不放弃两者中的任何一个。黑格尔认为这个过程会导致不愉快的意识,而年轻的尼采认为康德哲学是悲剧哲学。黑格尔和尼采都没有全错。一边关注世界应该有的样子,一边观察它现实的样子,这需要永久的、同时又是极其脆弱的平衡。它要求我们,直面永远得不到想要的世界的事实,同时却拒绝放弃心中想要的世界。

正是在这个意义上,康德说,成长最需要的是勇气而不是知识。有时候,实然和应然之间的裂缝会变成深渊,特别是你越来越明白,它不是一个偶发事件,而是你今后经历的大多数事情都会有的特征。你身边很多人都想否认这一点。今天,大多数人不是通过说服你世界是合理的来否认它——反例太多了,而且每天都在增加——而是通过否定应然的力量来否认它。在美国,人们常用"现实就是这样的"(It is what it is)这个流行语加上一点斯多葛式的哀叹来评论那些看起来特别令人失望的事情。坚持主张事物应该是另一番样子,往往让你有一种谜样的骄傲,就像一个被椅子绊了一跤的孩子会去踢它一脚。

坚持认为一个可能杀死你、折磨你或把你投入牢狱的体制应该有所改变,这需要勇气,而对于能够这样做的人我们会给予应有的尊重。这种勇气从来不是容易的事,但它通常是直率的。人们往往更容易忍受各种各样的嘲弄,很多民主社会借此打压批判者。比起其他的不适感,我们往往更畏惧尴尬,这一事实本身就令我们尴尬,但事实就是事实。有多少次,你因为害怕被人指摘孩子气而压抑自己不去表达自己的希望和愤怒?吊诡的是,这种恐惧出现在青春期,青少年觉得比同龄人显得幼稚简直是糟糕透了。在这一点上,康德可以提供帮助,不是让你得到安慰,而是使你确信,得不到各种斯多葛式观点的安慰不是**你的**过错。你生气是有道理的。只有在一个行为得到合理回报的世界里——如果通行的酬劳是葡萄,那么就得给我葡萄而不是黄瓜——心灵才会满足。如果行为和回报之间的平衡被打破,那就需要恢复平衡,不是通过改变你自己对恢复平衡的要求,而是通过改变这个世界。

如果幸福的权利不是毫无根据的主观愿望,而是理性的一个索求,那么,由此引发的结果将是革命性的。正是在此意义上,德国哲学家本雅明(Walter Benjamin)认为康德之后的哲学努力,比如黑格尔试图统一理性与自然、应然与实然,是"从**诚实**的康德二元论倒飞了十一个小时"。① 这样的诚实需要勇气,因为理性和自然不可能结合在一起绝不是一个我们想要知道的真相。

---

① Walter Benjamin, "Dialog über die Religiosität der Gegenwart", in *Benjamin gesammelte Schriften* Vol. II (Frankfurt: Suhrkamp Verlag, 1977), p. 32.

三、成 年

教 育

如果成年意味着保持实然与应然之间的平衡,那么这个平衡点从来都不是稳定的:两者都想抢占上风。因此,成为一个成熟的人是一项永无止境的任务。本章讨论成长过程中那些关键的经验。大多数人的生活中一定有教育、旅行和工作的经历。用有些方式来处理这三者有助于我们长大成熟,而另一些方式则不会。前一章的核心思想——成长需要我们在力图兼顾实然和应然的同时承认二者之间的差距——意味着,没有一种获得教育、旅行和工作等经验的方式是完全合乎应然的。焦急地为孩子寻找理想的幼儿园的父母,几年后就会承认无论选择什么样的幼儿园都是种妥协。不是所有的妥协都是不好的。当然,你必须仔细考察各种情况之后才能决定何种妥协是可以接受的。

虽然"不"这个词在孩子们刚会走路时候就学会了，但他们除了接受父母为他们所做的选择之外别无选择；青春期的孩子总是竭尽全力拒绝父母为他们所做的每一个选择。成长是一个过滤父母为你所做的所有选择的过程：你不得不听音乐，因为它就在你够不到的播放机里播放着；你不得不信教，因为你被带去听布道；你得坐在不是你开的车里去度假；当父母因换工作而搬家时，你不得不适应新的环境；还有一系列的普遍价值，直到你长大后从家庭走向社会，遇到别的价值才意识到它们是一种价值。在过滤时，如果你运气不错，你可能会说：**它就是我想要的，如果我有能力自己选择，我也会选它的**。你会用各种方式感谢父母，如果你的生活方式证明父母是对的。另一方面，如果父母做的选择你一概接受就意味着你还不成熟——因为他们的选择是那一时做出的，且并非他们所有的选择都合宜于你目前所处的境况。

特别是早期教育，它是由别人决定的。汉娜·阿伦特的《过去与未来之间》（*Between Past and Future*）对教育目标做了一番精彩的描述：

> 教育的要义在于，我们要决定我们对世界的爱

是否足以让我们为世界承担责任,是否要让它免于毁灭,因为若不是有新的、年轻的面孔不断加入进来和重建它,它的毁灭就是不可避免的。教育同时也是要我们决定,我们对我们孩子的爱是否足以让我们不把他们排斥在我们的世界之外,是否要让他们自行做出决定,也就是说,不从他们手里夺走他们推陈出新、开创我们从未预见过的事业的机会,并提前为他们重建一个共同世界的任务做准备。①(《教育的危机》[The Crisis in Education],《过去与未来之间》,第285页)

如果孩子碰到的老师中不止一位这样看待教师的责任,那他是非常幸运的;即使只碰到一位这样的老师也足以受益。对我们大多数人来说,学校往往是另一番情形:这样的机构极大地破坏而不是激励每个孩子眼中都会流露出的探索世界的自然冲动。(如果康德说的是对的,世界作为一个整体是合理的这一观念驱使我们追问"为什么",那么,孩子的眼睛映射着无条件的绝对

---

① 译文参照汉娜·阿伦特:《过去与未来之间》,王寅丽、张立立译,译林出版社,2011年,第182页。后文《过去与未来之间》引文翻译均参照此译本,不再另注。——译注

者。)可以肯定的是,正规教育最糟糕的地方——例如,死记硬背和体罚——大都已被废弃。我们充分吸收了卢梭的某些教育理念,以至于认不出是他的思想了。1992 年,苏格兰教育家约翰·达林(John Darling)写道,以孩子为中心的教育理论史是卢梭的注脚。[①] 当然,并非每个人都赞同这一点,上文也已经指出,即便是《爱弥儿》也有值得商榷的地方。不过,我们还是要感谢《爱弥儿》的作者,正是他告诉我们传统教育在很多方面不仅有缺陷,而且适得其反,它扼杀了孩子原本应该保持的求知欲望。正如卢梭在 1763 年指出的,习惯了乖乖坐在那里听无聊的老师滔滔不绝讲课的学童,成年后听到政客说谎是不大可能站出来提出异议的。托马斯·杰斐逊认为,社会的主要政治功能是教育年轻人。他心中所想的大概是能培养出积极活跃、有见地的孩子的教育体系,但是,现在大多数学校带来的是屈从、呆滞和愤懑。难怪很多孩子都觉得学校是监狱。

事实上,像马拉拉·优素福扎伊(Malala Yousafzai)

[①] J. Darling, *Child-Centred Education and its Critics* (London: Sage Publications, 1993), p.17.

这样的孩子宁可冒着生命危险去上学不仅仅是因为禁果总是最甜的。他们知道,即便是一点点教育也将帮助他们打开原本对他们关闭的世界的大门。马拉拉非常令人钦佩,但她绝非唯一的特例。在一些国家,课本如同珍宝,孩子买不起鞋子或铅笔。我们许多人的境况要幸运得多,这些事应该让我们停下来想一想,而绝不应该让我们沾沾自喜。传统教育总比完全没有教育要好,就像大米和豆子对一个饥肠辘辘的孩子来说弥足珍贵,但这两样东西无法带来足够的营养使身心茁壮成长。

因此,毫不奇怪,教育改革已经成为启蒙运动以来每次进步运动的核心目标。教育改革所关心的,不是提高效率或考试成绩,而是如何改变现有的学校组织管理方式,从而不是削弱而是发展人的潜力。在康德关于教育的言论中最令人吃惊的是,上学最重要的作用就是使我们安静地坐着。在他看来,这是天经地义的。

> 孩子们被送到学校,最初的目的不是让他们在学校里学到知识,而是为了让他们习惯安静地坐在那里,严格遵守老师告诉他们的东西,这样,将来他们不会一有什么想法就迫不及待地付诸实践。(《论教育学》[*Lectures on Pedagogy*],第438页)

从最后一句话我们可以看得很清楚,康德并不赞同把实践作为一种迫使孩子屈从的方法;在别处,他猛烈抨击当时通行的看法,即教育就是要打破孩子的意志。相反,他觉得鼓励孩子发展自律是很重要的训练,否则他们就会像彼得·潘一样不可救药地任由每一个突然闪现的念头摆布。我们的确需要告诉孩子,不是所有值得学习的事物都可以通过顺从自然的倾向就能学到。例如,语言和音乐需要重复单调的练习,直到达到某个点,小提琴不再吱吱刺耳,乐句不再磕磕碰碰。这样的练习不仅是单调的,而且是倒退的,将我们带回到毫无成就感的幼儿期。即使喜爱彼得·潘式幻想的成年人对于退回到牙牙学语的儿童期也会心生畏惧——这就是为什么语言和音乐学得越早越好的原因之一。(第二个同样重要的原因与神经生物学而不是心理学有关。经验塑造我们的大脑,儿童期这种塑造作用最明显。如果一个孩子在十岁之前学会了第二门语言,他的大脑就被塑造成更容易学会第三甚至第四门语言。)孩子们不知道学习将来会带来成功和随之而来的快乐,得有人经常告诉他们这一点。康德把纪律看成是获得更大自由的途径,他对教育的议论大都就此而发。

康德对德国教育家巴泽多（Johann Bernhard Basedow）的著作情有独钟。巴泽多于1774年在德绍（Dessau）创办了欧洲第一所明确基于卢梭教育理念的学校，即泛爱学校（Philanthropinum），康德用他最抒情的文字写道：

> 也许从来没有人对人类提出过如此公正的要求，也从来没有人这么无私地奉献过如此伟大、如此拓展自我的恩惠，现在巴泽多和他值得称赞的助手已经庄严地献身于改善人类福祉、促进人类进步的伟大事业。①

多亏了"这个犀利、激情洋溢、生气勃勃而又孤独精明的男人"，他继续写道，创造一个符合自然本性的教育机构成了现实，不再是一个模糊而又遥远的梦。欧洲并不缺乏学校，但它们"从建校开始就变质了，因为学校里的一切都是反自然的，人类远没有发展自然赋予人类禀赋的美好东西"。② 既然传统的学校一开始就变质了，康德呼吁"激流般的革命而不是缓慢的改革"：整个教育机

---

① Kant, 'Dessau 1776', *Königsberg Learned and Political Journal*, in Kant, *Anthropology*, *History*, *and Education*, eds. Zöller and Louden, p. 100.
② 'To the Community', in ibid, p. 102.

构和教师本身都必须转型。因此,他认为,没有比创办一所全新的学校更为要紧的了。

康德充满溢美之词的文字有一个目的。巴泽多的德绍学校不仅引起了他的敬意,而且还激起了他唯一一次为人所知的集资冲动。康德煽情的言辞是为了打动听众慷慨解囊:

> 我们……希望大家多出资,所有办公室职员、教师、为人父母者——有益孩子成长的事情父母不可能无动于衷,甚至没有孩子的人——你们从小接受过教育,所以会认识到有义务做出自己的贡献,如果没有为繁衍人类做出贡献,那么至少可以为人类的教育事业做点贡献。德绍教育机构发行的月刊《教育论》(*Educational Treatises*)订阅费现在为 2 帝国塔勒 10 格罗申。[1] 但是,因为也许在年末需要额外的支出,比如纸张数量还不确定,所以最好是以订阅费的形式捐赠一达克特[2](当然由每个人自行决定),以推进这项工作,多出来的部分会按个人要

---

[1] 帝国塔勒(Reichstaler),格罗申(Groschen),旧时德国钱币单位。——译注
[2] 达克特(Ducat),曾在欧洲通用的钱币。——译注

求足额退还。①

虽然那时候的集资活动看起来和现在很不一样,但从《论教育学》可以看出康德对集资和控制之间的关系的理解和关注。他对巴泽多唯一的批判是这位校长依赖皇室支持。

> 经验告诉我们王公们关心自身利益胜过关心世道人心,这样他们才会达到自己的目的。因而如果他们出钱,整个方案的设计必定会落入他们手中。(《论教育学》,第443页)

康德总结道,私人集资是对教育改革的最好保障,因为"所有的文化从私人开始,然后向外延伸"。在集资的其他方面,康德时代也和我们现在不同。他无法想象现在大公司捐赠巨资给公共教育,以便把产品卖给几乎被俘获的听众。例如,在美国,80%的公立高中都和可口可乐或百事可乐公司签了"专饮权"合同,要求学校购买一定量的汽水以换取教育经费赞助,这些高额赞助是财务上捉襟见肘的校董事会无法筹集的。康德警告教育家,王公贵族可能会对依赖其资金的教育机构产生不

---

① "To the Community", p.104.

良影响。他怎能想象到两个世纪以后,私营企业施加了更微妙的控制。如果有哪一个国家重视教育不是因为要制造新的消费者,那么其发展就应该得到关注。

巴泽多从来没有筹到足够的私人捐款,只能依靠皇家补助金,而泛爱学校在二十年后就关门了。巴泽多本人似乎更擅长构思教育理论而非管理学校,所以很早就离开了泛爱学校。但是泛爱学校激励了欧洲及北美很多类似的学校,并于二战后在德绍重新开办,持续到今天。你可以在 facebook 上找到这所学校。和传统学校比起来,先进的学校的办学时间往往不会持续很长。最初的创办者离开或者退休之后,一些理念往往会丢失。不过,不知疲倦、满怀希望的教育者和父母会继续创办新的学校。他们大概受到了康德思想的鼓舞,好的教育一定是几代人共同努力的结果,因为我们都是自己无法选择的教育的产物,并且每一代人必须努力让下一代比自己走得更远。不过这也没有让父母感到舒心,他们担心是否把孩子交到了不能或不愿意考虑孩子的兴趣的人手里,孩子们则更不舒心了,太多的课堂既压抑又无聊,如此日复一日。有时间和资源的人可能会选择在家里教育孩子,但我们大多数人会选择手头可以把握的其他最佳方案。我们更愿意把孩子送进一所能培养孩子自律的学校。它将遵循康德的三大原则：

1. 从幼儿期开始，允许孩子做任何事情（除了不能让他们靠近可能伤害到他们的东西，例如抓起一把出鞘的刀）。

2. 必须让孩子知道，只有让他人也达到目的时，他自己才能达到目的。

3. 必须向孩子证明，给他施加约束力是为了让他将来能运用自己的自由，教育他是为了让他将来能够自由，也就是说，不再依赖他人的照顾。（《论教育学》，447—448 页）

我们大概会赞成康德的看法：必须通过教育实验才能在经验中发现实施以上原则最妥当的方法，而且"因为实验很重要，仅凭一代人是无法呈现完整的教育蓝图的"。

有时我们会看到一些进步的迹象。在很多地方，教学方法更加开放，教师也更能注意到孩子们不同的需求。我孩子用的课本比我以前用的好多了。我以前的课本讲美国历史时居然对美洲土著的种族灭绝一事只字未提，也没有告诉女孩们除了做妈妈以外还可以做很多事。但只有当这些迹象证明进步是可能的时候，它们才是有用的,因为只有这样我们才会持续不断地努力进步。更多的进步迹象绝对是必要的。大多数政治家夸夸其谈于康德那样的言论,所谓"好的教育正是世界上所有美好事物的源泉"。除了少数几个国家如芬兰这样明显的例外,教师的待遇依然太低,也没有得到足够的重视,学校依然处于穷困潦倒的状态。赞成康德的思想或是记得自己的学生时代沉闷又充满挫败感的父母,会因为无法给孩子应有的教育而感到绝望。

他们尽可能选择最好的学校,尽最大的努力积极改善他们能找到的学校(甚至他们创建学校,如果他们有足够的雄心。)对于孩子所察觉到的他们为孩子选择的正规教育中出问题的地方,他们会想办法补救,以此努力庇护孩子。然而,他们不得不正视:他们不是在抚养爱弥儿。不管他们是否会读《爱弥儿》这本书,他们很可能在初为父母时被这样的话吸引:**世上再也没有比抚养一个自由且快乐的孩子更重要的事了**。但世上其他事情会闯进来。和爱弥儿的导师不同,父母的知识和权力都是有限的——有时候极其有限,抚养过孩子的人都知道这一点。用孩子出生时对孩子的期许来衡量,父母鲜有不失败的。也许他们可以从英国心理分析师温尼科特(D. W. Winnicott)的理论那里找回勇气,温尼科特把注意力放在孩子身上,认为对于孩子来说,完美的父母也是不好的。如果孩子从未体验过焦虑,他就不可能体验到自己是一个可以在世界中活动的自律的存在者。相反:

> 一位好母亲……一开始几乎满足孩子的一切需求。随着时间的推移,她越来越少地去满足孩子的需求,这个过程是循序渐进的,跟孩子逐步增强的面对母亲未能满足自己需求的能力相应。母亲没有满足孩子的一切需求,这有助于孩子适应外部实在。①

温尼科特认为,成长中的孩子要想估量和发展自己的能力,他们需要经历父母的挫败。这一观点支持了我们看到的人们对《爱弥儿》的批评。如果孩子在导师(或者父母)创造的世界里只是经历事物应该有的样子,那他就无法适应现实的世界。我们大可追求另一个不同的目标:康德说,好的父母有责任让孩子因为来到世上

---

① D. W. Winnicott, "Transitional objects and transitional phenomena", *The International Journal of Psychoanalysis* 34, 1953.

而感到高兴。

对于很多孩子来说,接受正规教育就是经历日益扩大的实然和应然之间的裂缝。是的,有长牙的疼痛,还有许许多多毫无道理的疼痛和挫败感。但是,往往正是学校最先以制度化的形式展示了口说的理想和生活的经验之间戏剧化的冲突。从前,犹太男孩三岁就被送到他们的儿童宗教学校(cheder),在那里孩子们要从蜂蜜浸过的木板上学习希伯来字母表。在今天的德国,孩子们在上学的第一天会得到一个大大的圆锥形的纸筒,里面装满了糖果。康德看到这样的做法大概会脸色发白吧,他认为对应当自愿完成的事给予外部奖励总是不对的。对孩子们来说,他们可不是自愿的,而且他们很快就会起疑心,比起他们在学校里所学的并不是现实世界中的真理这一事实所导致的痛苦,糖果也许只是微不足道的补偿。接受教育将不会——或不一定会——帮助他们茁壮成长;教育也有可能抑制他们的发展,令他们像花朵一样枯萎。

好吧,这意味着:我们的父母能够提供的教育是有问题的。因此,只要一有能力,我们还是应该把教育抓在自己手里。法定成人年龄,现在大概在十八到二十一岁之间（尽管研究显示我们的大脑直到二十五岁左右才成熟），可能是我们一生中最艰难的时期。因为这时你自己的选择第一次处在最突出的位置。太过突出：也许是第一次做出重大抉择，而每个抉择都显得分量太重。你得顶着巨大压力去做出正确的选择：**这个**学习课程、**这份**工作、**这段**感情都会影响你今后的命运。需要再过十年才会明白没有什么错误是不可以补救的。同时，通过自己的选择来改善不是你自己选择的教育，有益无害。我们接下来谈一谈该怎样去做。

不去使你看起来鹤立鸡群的地方，去有人比你优秀的地方。这可以作为获得教育的一个原则，但在学校甚至在大学里情况也不总是如此，而且这个原则的适用显然不应局限于学校或大学。头脑至少需要得到和身体一样多的锻炼，大多数的人却只知道练肌肉。你也无法预知谁拥有你可能需要的知识或智慧。我认识的聪明绝顶的人总是既引经据典，又能从街头精明的商贩那里学到东西。

说到经典文本，我们得承认，它们流传至今是有原因的。就好比你可以发明你喜欢的任何东西，但是车轮已经存在六千年，不需要再去发明。《理想国》应该会让后来的色拉叙马霍斯们却步。他们可能会发现某些困惑,但不会发现新的东西。他们如果想推进关于道德和权力的对话,最好先知道柏拉图已经说了什么。(在许多与性关系有关的问题悬而未决的时代,他们可能也有兴趣了解,柏拉图禁止在他的理想国里实行一夫一妻制,因为如果父亲不能确知谁是自己的孩子,就会尽心尽力抚养每个孩子。)《战争与和平》为19世纪的俄国打开了一扇窗,正如《米德尔马契》之于19世纪的英国,但这两本书都会使你对爱情、得失、正直的想法有所不同,并相伴随着成长。也许你是无神论者,但如果不读宗教巨著,就无法了解世界历史,也不知道当今世界的诸多方面。

在过去的几十年里,围绕何为正典的争论异常激烈。"正典"一词意味着教廷颁布,如一部古老的典籍经由法令流传下来,假如你觉得当权者不能再左右你该看些什么书,则可以将它忽略。虽然正典需要放宽,但它的大部分内容是站得住脚的,而一些教育家往往在避免欧洲中心主义的名义下呼吁学生放弃正典学习,则是大错特错。如果他们关注下启蒙运动,就能做得稍微好一点。启蒙运动本身通常被误认为是欧洲中心主义的起源。但其实恰恰相反,启蒙思想家一方面同时重视普遍原则和特殊差异,另一方面又知道如何区分二者。他们沉浸在西方经典文献之中,虽然很可能是读用拉丁文而不是希腊文写成的文献,但他们很清楚学习其他文化是多么重要。孟德斯鸠的《波斯人信札》从穆斯林的视角批判欧洲,伏尔泰在书桌上方挂了一幅孔子像,卢梭想了解非洲真实的状况,而不是"志在中饱私囊而非充实头脑"的旅行家笔下的非洲。和自身文化有着成熟的关系就像和自己的父母有着成熟的关系。你得决定将哪些遗产要保留——但首先你需要检查它们。波伏娃说得很形象生动:"遗忘过去就等于大幅锐减世界上的人口。"①

前面已经指出,康德的作品——虽然比托尔斯泰和乔治·爱略特的作品晦涩难懂,甚至比柏拉图和卢梭的还要难——是我们需要特别珍惜的宝贵遗产,虽然我很清楚有人会觉得我对阅读典籍以及阅读本身的强调非常过时。甚至我们很多从小到大爱翻书的人,现在大多时

---

① Simone de Beauvoir, *The Ethics of Ambiguity* (New York: Citadel Press, 1948), p.92.

候是在屏幕上阅读了。在这里我们不宜展开讨论网络对我们的思想起了什么作用；对此还有很多我们尚不知道的事情。我相信因特网迎合了人们的好动心。你在网上阅读，不会因为作者的意图而停留；你随时点击、再点击。这个活动令人兴奋，也令人发狂，但它与真实的活动之间的关系无异于快餐与热气腾腾、精心烹制的美食之间的关系。读一本书需要一定的被动状态和向作者的构思完全开放的意愿，只有这样你才可能用自己的想象力与理性和作者一同思考。

柏拉图谴责书写这一发明，他担心这会损坏我们的记忆力。古人有着惊人的记忆力，荷马史诗《伊利亚特》与《奥德赛》最初是没有文字记录的，这两部西方文学史上最早的巨著由历代诗人凭记忆传唱了几个世纪，最后才有了手抄本。虽然如此，我还是不赞同柏拉图的观点。我花了大量时间在网络上，对它提供的资源心存感激；我甚至点击国际特赦组织（Amnesty International）和全球性的民间组织 Avaaz 的网站上的大部分链接，不再排斥他们发邮件感谢我所采取的行动。我只是建议你减少上网的时间，采取比点击鼠标更大的行动。哪怕是一星期不上网，你就会发现，你的想象力和在世间的存在感发生了多大的变化。

整整一星期不上网?

我对人们说这样做带给我的好处时,大多数人都犹豫不决:"你可以不依赖网络工作真好,但是我的工作很依赖网络。"——实际上我的工作也非常依赖网络。我们大多数人都有假期,但调查显示大多数人在度假时仍然在线。实际上,工作只是一个借口;现在如果你只有一半的邮件是垃圾邮件就算幸运了。至于其他邮件,如果你需要给某人发个信号,证明你还活着,可以走进一家随处可见的有网络的咖啡馆,仅仅花上喝一杯浓缩咖啡的时间。你要做的不过是忽略邮箱里的杂志,它们有很大的诱惑力,仿佛在承诺能让你了解很重要的事情。有多少次,这样的承诺到头来只是一个圈套,让你着迷于最庸俗的小说或者陌生人最残酷的罪行?除非你是一个大国的外交部长,否则即使是真实的新闻在短时间内都可以跟你没关系。"那么我的工作呢?"如果到目前为止你做得很好,那就不需要由它摆布了。我们不需要用科学调查去证明网络带来工作效率:诚实的内省会让你发现这一点。但人们确实展开过科学调查,显示的数据略有不同。最近德国的一份调查显示,我们平均每周浪费了两个工作日写一些没有人真正需要的邮件;而最近美国的一份调查得出的结论则是,百分之八十的在线工作时间非常低效;而英国最近的一份调查则统计出每年网络摸鱼(Cyberloafing)的成本高达数十亿英镑。

我再次重申:我不是说我们要完全放弃网络,而是要拒绝受它控制。只有偶尔不用才知道它在多大程度上控制了你的生活。这样做,你的脑袋将不再那么乱糟糟,思想会更集中。你不得不承认卢梭的训诫依然是有道理的:我们需要的没有我们一贯认为的那么多,而事物的可能性则比我们以往想象的要多。

旅　　行

但教育不能止步于书本学习——或说屏幕上学习,现在大概是这样一种情形了。可以肯定的是,建议把旅行作为教育的一部分就是建议一段时间不上网。如果你在西西里岛长时间上网,还不如待在家里看别人发的帖子。

公元 4 世纪,奥古斯丁打过一个比方:"世界是一本书,不旅行的人只看到其中的一页。"如果采用他的比方,奥古斯丁可谓阅读广泛。他这样描述自己的生活:一个罪人行走在成为圣徒的道路上。他出生在今天的阿尔及利亚,后移居迦太基,又在罗马和米兰生活过,后来回归故里成为希波(Hippo)的主教。这是难能可贵的旅程,跟他同时代人相比更是如此。我们已经看到,即使康德也说旅行可以拓展我们对世界的认知,尽管他描写得没有其他人那么热烈,这没什么可奇怪的。他还说,游览其他国家的权利应当成为永久和平的一个条件。他的《论教育学》建议学校从地理课开始教孩子,并指出即便是年纪很小的孩子也会对地图着迷。

我们不禁会想:他读《爱弥儿》的时候,有没有过片刻的羡慕呢?我们可没有理由把这样的感受加到这位哥尼斯堡哲人身上,虽然他的确曾说自己是忧郁症患者。当他读到该书第五章的时候可曾发出过渴望的叹息呢?在这一章节,卢梭坚持让爱弥儿在欧洲游历两年,学习两三门主要的外语,观察所有真正有意思的事情,不管是和自然、政治、艺术还是和人有关。卢梭说得很清楚:"我认为这一点是无可争辩的,即:任何一个人,要是他只看见过一个民族的人,便不能说他了解人类,而只能说他了解曾经同他生活过的那些人。"(《爱弥儿》,第 451 页)。

无论是在卢梭的时代,还是在欧洲人可以看到韩国说唱节目的今天,这一点都是真理。确实如此,在今天尤其如此:全球化带给我们非常了解其他文化的幻象,但实际上并非如此。对文化的无知也不仅限于教育水平低的人。我见到过一些受过高等教育的美国人坚持认为,德国地铁系统不要求乘客出示地铁票就可以乘坐是行不通的(实际上是可行的,依靠的是德国的信誉制度,另外偶尔也会检票);受过教育的英国人无法想象纳粹分子会像普通人一样吃苹果酥饼(他们会,而且和其他人一样吃喝拉撒);受过教育的德国人认为美国人无法理解反讽(一个善于此道的美国人会对此做何回应呢)。实际上,他们中有些人甚至是教授,这也说明了学者自以为是的不成熟。康德写道:

> 在家庭事务方面,学者乐于保持一种不成熟状态,把什么都交给妻子管。仆人大叫房间着火了,埋在书堆里的学者答道:"你知道,这样的事归我太太管。"(《实用人类学》,第 104 页)

一个没怎么受过教育的人或许能迅速扑灭身边的火焰,但他往往对世界上其他事务感到无助。什么是粗鲁,什么是粗俗,什么样的举止是恐吓人,什么样的举动是鼓励人,什么是善意,什么是蛮横,关于这些不同地方有不同的理解。如果不旅行,就很可能认为你自身文化所预设的观念构成了人类现实——因为只有在另外一个采用别的文化预设的地方生活过,你才能认识到自己文化的预设。旅行既帮助我们了解他者,同时也帮助我们了解自己及自身文化。

因此,卢梭认为旅行是成年至关重要的部分。但是"要想见多识广,仅仅是在不同的国家漫游是不够的。必须知道该怎么旅行。"(《爱弥儿》,第 452 页)为了长见识而去旅行,这个目标太模糊;年轻人显然应该对长见识感兴趣。卢梭让爱弥儿去旅行,是为了了解不同的国家管理模式,这样一来,他就可以知道他喜欢在哪种体制下生活。卢梭警告说,这不是要去看看"由行政体制和执政者的行话所伪装的某种表面的国家管理形式",而是要深入民间,了解国家管理形式给人民实际生活造成的影响。(如果上文提到过的美国教授了解德国的公共交通系统在德国实际上如何运作的,他就不会认为这是不可行的。)爱弥儿需要观察不同的政治制度对普通人生活的影响,以便将来选择一个"任何人都可以做一个体面人"的地方安家。

卢梭把爱弥儿旅行的目的说得很清楚,同时还详述了旅行的形式。在徒步翻越阿尔卑斯山之后,爱弥儿坚信再也没有比这更好的旅行方式了:

> 要徒步旅行,就必须仿照泰勒斯、柏拉图和毕达哥拉斯那样去旅行。我很难想象一个哲学家会采取另外一种旅行的方式,不去研究摆在他脚下和眼前的琳琅满目的东西。凡是对农业有一点兴趣的人,谁不想研究一下他所经过的地方有哪些特产和哪些耕作的方法?喜欢自然科学的人,见到一块土地哪有不去研究的?见到一块岩石哪有不去敲它几下的?见到丛山哪有不去采集植物的?见到乱石哪有不去寻找化石的?……我看见了人所能看见的所有事物,而且只依靠我自己,我享受人所能享有的全部自由。(同上书,第 412 页)

对于其他旅行方式卢梭既鄙视又同情;不行走的人"伤心地坐在那里,像个囚犯似的关在狭小封闭的笼子里"。幸运的是,他没有活着看到震惊后世的铁轨。1837 年,法国作家雨果在一封信中这样描写坐火车旅行:

> 田边的花朵不再是花朵,变成了几抹色彩,或

者说是红色和白色的色条;再也看不到点状物,所有的一切都变成了条状物;城市、教堂钟塔、树木和地平线狂乱地交织着,舞动着。(转引自沃尔夫冈·施伊费尔布什[Wolfgang Schivelbusch]:《火车旅行的历史》(Geschichte der Eisenbahnreise),第54页)

不是只有雨果这样想,那个时代很多人都抱怨火车旅行让风景消失了。到19世纪中叶,旅行的人们找到了补救火车那令人紧张的速度的办法:那就是书籍。1848年,史密斯(W. H. Smith)书店首次获得了在伦敦尤斯顿火车站(Euston Station)售书的特许权。坐火车适合看书的定论(以及在火车站开书店的做法)迅速风靡整个欧洲——为了礼貌地避免与其他乘客交谈,也为了从中获得些许慰藉,不用像雨果那样因为风景的消失而感到不安——如果是卢梭的话,他可能早就暴跳如雷了。不妨想象一下,他们会怎么评价易捷航空(easyJet)。

卢梭不是最后一位在欧洲大陆徒步旅行的哲学家。波伏娃也经常这样做,有时候和萨特一起,有时候不是,她对游历的描写和卢梭的一样令人痴迷。例如,1934

年,她写道:

> 整整走了三个星期,绕开大路,穿过丛林和原野寻找捷径。每座山峰都是一次挑战。美丽的风景尽收眼底——湖泊、瀑布、人迹罕至的峡谷。我背着行囊,每天不知道晚上在哪里睡觉,当第一颗星星在夜空中闪现的时候我还在走路……常常无法想象看不到花草树木和天空的情形:至少得和它们的气味待在一些。所以不去住酒店,宁可再跋涉四五英里叩开小村庄农舍的门求宿,让干草的气息在我的梦乡萦绕。
>
> (《岁月的力量》[The Prime of Life],第 217 页)

当我读到这些句子,还有波伏娃描写在罗马的星光下探访斗兽场,在伦敦追寻莎士比亚和狄更斯的足迹,在圣托里尼游船的甲板上演奏希腊音乐的时候,我无法抑制住既羡慕又忧伤的思绪。萨特和波伏娃的旅行既频繁又漫长,极耗体力,在今天几乎难以复制。萨特说这样的旅行不仅使他内心狂喜,而且还给他带来许多其他的东西。[①] 这样的旅行无疑会使你更加贴近你离开家想看

[①] Simone de Beauvoir, *Adieux: A Farewell to Sartre* (New York: Pantheon, 1984), p.232.

的事物,不管是壮观的自然风光还是激起我们好奇心的人居世界。但是我上次去的斗兽场拥挤不堪,也很难找到一个地方让你走上三周而碰不到边界关卡(在美国某些地方则很可能会遭遇散弹猎枪)。有几个北欧国家保护人们漫游的权利,对此限制甚少;一些国家如苏格兰、挪威和爱沙尼亚的法律保护公众在国土上行走的权利。但是,我们能尽情漫游的地方毕竟越来越少,而旅行的人又越来越多,不管我们多么渴望,都不可能效仿卢梭和波伏娃。徒步旅行以及卢梭退而求其次的选择——骑马旅行——在很大程度上已成为历史。

相反,卢梭所描述的错误的旅行方式听起来非常现代。旅行是爱弥儿的教育中很重要的一部分,但不是每个人都适合。爱弥儿的教育赋予了他观察的自由和能力,对于缺乏这两者的人来说,旅行甚至可能有害无益。

> 对青年人来说,游历之所以更加有害,是我们使他们在游历的过程中采取的方法不对。由于一般的教师所关心的是游历的乐趣而不是游历对青年人所给予的教育,所以他们带着青年人从这个城市跑到那个城市,看了这个宫廷又看那个宫廷,

会见了这一界的人又会见那一界的人;或者,如果教师是个学者或文学家,他就会使青年人把他们的时间消磨于涉猎图书,消磨于观赏古迹,研究古老的碑文和翻录古老的文献。他们每到一个国家,就去钻研前一个世纪发生的事情,以为这样就是在研究那一个国家。因此,他们花了许多旅费,跑遍了整个的欧洲,研究了许多鸡毛蒜皮的事情,或者把自己弄得十分厌倦之后回来,仍然是没有看到任何一样可能使他们感到兴趣的东西,没有学到任何一样可能对他们有用的事情。(《爱弥儿》,第 468 页)

这些话完全可以用来评价成千上万大学的海外研修项目,这些项目派年轻人到国外,希望他们置身于别国文化之中学习别国文化,但却把他们限制在不可能这样做的状态之下。他们得到的语言训练,只够他们在饭店里点一瓶啤酒或一个面包,其他课程通常由自己国家的老师来教授(通常工资微薄,师资也不怎么样),错失所有可能接触到所在国年轻人的机会。他们做了一个很大的茧,把年轻人束缚在其中,比他们在国内受到的约束还要多。即使在一所美国大学保护过度的环境下,熟知当地文化的学生可以和一个面包师或酒吧侍者交谈,让她大开眼界,甚至找到一份服务员的工作让她学到更多东西。不是每个学生都能利用这样的机会,但是典型的国外交换生完全没有这样的机会。她从罗马或者巴黎回来的时候比她去的时候更糟糕,因为她以为自己已经获得了大学所宣传的国外经历——但实际上她只是从一个学院转到另外一个学院。她回来的时候可能会感到模糊的失落感,伴随着对世界本身的失望,世界和她原本了解的没什么不同。她只是会在简历上写道:在法国生活过。

旅行本应该帮助我们成熟,但其结果往往是另一种形式的幼儿化。大部分成年人确实是这样旅行的。美国哲学家桑塔耶那(George Santayana)毫不吝惜赞誉之词,言曰:

> 最后一种旅行者,也就是臭名昭著的游客。我自己常常也是其中一员,所以不想对他们扔石头。从一日游的游客到对实物或美景热切的"朝圣者",所有的游客都是古希腊中的旅者之神赫尔墨斯的宠儿,同时也是亲切的好奇心和自由心灵的主宰者。具有频繁地把熟悉转变为不熟悉的智慧:它使

思维敏捷,偏见消除,还培养了幽默感。①

桑塔耶那出生在一个西班牙外交官家庭,会说很多种语言,是一个与众不同的旅行者。更重要的是,他在上个世纪之交写下了上面这段文字。2012 年,世界旅游组织统计有 10.35 亿人去国外旅游。大部分人都是跟同胞组团去的,在导游的带领下走马观花似的从一个景点赶到另一个景点,与其说是在看风景,倒不如说是在选背景拍照,然后被带去商店购物,而商店里的东西在国内也能买得到。这样的经历阻碍了人们去真正了解他们所造访的国家,当地人看到这样的旅行团避之唯恐不及——除非他们要卖东西给游客,他们脸上堆砌着笑容掩饰着内心的窃喜,拿到钱后笑容就消失了。化用桑塔耶那的用语,很难想象,当地人会喜欢汹涌而至的游客,赫尔墨斯也不可能喜欢他们。

大众旅游业是民主的粉饰,它使数百万人至少有那么一丁点在过去只有手握特权的人才能享有的经历。但是旅行不是走马观花,观光也只是旅行的一部分;它

---

① George Santayana, "The Philosophy of Travel", in *The Birth of Reason and Other Essays* (New York: Columbia University Press, 1995), p.15.

要求你所有的感官都对世界上其他存在方式开放。不只是大众旅游业阻碍了它所宣称的经历。任何一个诚实的旅行者都承认自己也是导致如此问题的原因之一,虽然她固然会苦于被乌合之众打扰,不能单独地和米开朗基罗待一会儿,或者不能在露天广场做物物交换。对于有点名气或财富的人来说,可以采取更奢侈更清静的旅行方式,但他们不见得从异国的事物中领悟到更多。戴维·洛奇(David Lodge)对科学大会所做的精彩描写稍作改变就可以适用于国际艺术活动、心理分析大会或达沃斯世界经济论坛。

啊! 欧洲,我们来了! 或者亚洲,或者美洲,或者其他任何地方。时值六月,会议季已经拉开序幕。整个学术界都出动了。在穿越大西洋的航班里有一半的乘客是大学教师。他们的行李箱比一般乘客的要重,装满了书和论文——而且比一般乘客的要大,因为他们的衣柜里必须要有正式的和休闲的衣服,参加讲座要穿的衣服,和去海滩上、博物馆、城堡、大教堂和民俗村要穿的衣服。这就是会议旅行的魅力所在:让工作变成娱乐,专业和旅游业相结合,而且花的都是别人的钱。写出一篇论文,然后去看世界！我是简·奥斯丁——让我坐飞机！或者莎士比亚、艾略特、黑兹利特。所有大型客机的机票。啊！(《小世界》,第231页)

这样的旅行是更好的套餐:导游更恭敬,看到的风景更独特,显然吃得也比交换生项目或旅游团好得多,但依然只是套餐。于是他们得到了更大的幻象(**如果某个机构愿意花钱请我旅行,难道我不是一个真正的成年人了吗**),虽然几乎没有拓展对新世界的体验。

怀旧没有用,但如果否认我们已经丢失了本应该努力保持的东西,那是很愚蠢的。世界上有六分之一的人选择在路上,旅行再也不是过去的样子了。无疑,18世纪的旅行者固然不用担心因为其他旅行者而太拥挤,但他们会有其他方面的担忧,例如,在空旷的路途中突然杀出拦路抢劫的强盗。尽管如此,我们很难不去怀念旅行者人数没有那么多、也没有人管你那么多的年代,当时也没有分支遍布全球的跨国公司使每个地方看起来都差不多。但话又说回来,不是每个18世纪的旅行者都能发现新鲜事物。尽管休谟在法国待了很长的时间,而当时英法两国的差异比现在要大得多,但他却说:

如果有一个旅行者由异国归来,并且给我们叙述出完全异于常见的一种人来……则我们正可以根据这些情节,立刻发现出他的虚伪来,并且确乎可以证明他是一个撒谎者。我们敢于确断,他是一个撒谎者,正如同他给我们叙述出马面、龙、神迹和怪异似的。(《人类理解研究》,第84页)

完全异于我们常见的人。但这正是旅行要去发现的东西。我们会不会被同样的情绪感动,有没有同样的梦想?是否存在普遍人性法则和还未被诠释的差异?每一个好的旅行者都是初级人类学家,力求理解民族与民族之间、文化与文化之间的异同。对人类来说,唯一可以如此的办法就是在一种——最好是两种——与自身文化截然不同的文化里待上一阵。(在两种文化里上待一天,胜过在一种文化里待上两天。除了本国之外,如果你只在一个国家待过,就会倾向于把世界分成两种不同的存在方式,在它们之间永远有一个跷跷板。在第三个国家生活过,你就会认为,有很多不同的方式。)全球化资本主义的确减少了文化差异,但并没有把它们完全消除。观察同时在柏林亚历山大广场的麦当劳排队的德国人和美国人,就可以看出很多不同之处:德国人怎么点餐,美国人的站姿是什么样的,以及他们是怎数零钱、拿袋子,和朋友道别的,就可以看到尽管文化特质看起来在消失,但仍在一定程度上保留了下来。

在另一种文化里生活意味着要在这种文化里工作,最好别在你现在公司的国外分公司工作。外交官通常每隔几年就调动一次,防止他们变得像当地人。我的建议是要恰恰相反,你要力所能及地本土化。工作能让你学到游客学不到的东西。责任的承担和规避、目标的设立、任务的分配、什么是集体,什么是自主,这些在不同的文化里都有所差异。这些差异不是短时间内能察觉到的。至少得花上一年的时间,你也可以感受到季节的变换以及光与热的交替和树叶颜色的变化是如何给普通人的生活带来不同的变化的。最理想的是去一个需要你学习一门外语的地方生活,因为每一种语言里都隐藏着只有跟另外一种语言比较时才会突显出来的预设。在一门语言中所有东西都有语法上的性的变化,而在另一门语言里则没有,对此你怎么看?动词的变化呢?你怎么看待在一门语言里,根据亲疏关系用远称和近称,或者依据年龄层分等级?如果你觉得他们用词过于刻板或华丽,而他们则觉得你的语言太过粗鲁,你会怎么做?

哲学家维特根斯坦写道："哲学问题具有这样的形式：**我找不着北**。"①旅行使你睿智地保持了这一状态，它有利于成长的原因之一在于，它要求你回到小时候离开的位置。你的立身之物——你在学业或事业上的成功，在家庭或小镇上的地位——只有当你失去的时候才会知道它们在多大程度上支撑着你。你会经常对你不理解的事物点头微笑。你会在那些曾经看起来那么容易的任务面前感到力不从心，以前从未想过需要多大的能力才能完成这些任务。你感到崩溃、孤独，也许加缪的话会给你带来安慰：正是恐惧让旅行变得有价值。你每天都会在新的世界里有新的发现，同样会感到孩子般的好奇心，通向马拉喀什（Marrakesh）的道路上的垃圾桶和敖德萨（Odessa）街道上的行道树都揭示着过去和现在生活在那里的人们的故事。（或者是最令你好奇的其他任何事物。）你可能会像康德曾经评论过亚当和夏娃——在某种意义上他们是世界上最早的旅行者，你很可能会得出类似的结论：不管待在伊

---

① Ludwig Wittgenstein, *Philosophical Investigations*, trans. G. E. M. Anscombe (Oxford: Blackwell, 1953), sec. 123, p. 49e.（译文参照维特根斯坦：《哲学研究》，陈嘉映译，上海人民出版社，2001 年，第 75 页。——译注）

甸园有多舒服,走出家门是迈向自由、因而也是进步的第一步。和任何离别一样,它同时也让你失去某种东西。

我们很容易听人抱怨:对那些负担得起的人来说,旅行是件好事,但是很少有人负担得起那样的旅行。卢梭和年轻时的波伏娃都没钱进行豪华游,他们都讲过自己的窘境:困在陌生的小镇上身无分文,啃面包洋葱,睡废弃的小屋。如今,穷游因网络变得更为容易。如果你愿意只为食宿工作,可以去印度摘茶叶,去乌干达教孤儿跳舞,去危地马拉一家巧克力工厂的办公室做职员,去阿尔巴尼亚种葡萄,去西伯利亚与考古学家一起挖掘,去摩洛哥建造可持续性农场。喜欢温情的人可以去康沃尔照顾老人和小孩,或者在法国南部照看一家餐厅花园。在网站上花几分钟就可以找到这样的项目,它们对任何年龄段的人开放。你要做的只是买张去那里的机票并下决心不去听那些告诫你这样的旅行不可行的声音。也许这些人不想让你明白你从哪里来:因为这是旅行带给你的最大的收获。

工　作

对古代哲学家来说,工作是奴隶或女人做的事,不值得抱以兴趣。虽然柏拉图和亚里士多德在很多方面截然不同,但他们都认为专注于沉思的人生是生活的最高形式。现代性的标志之一,恰恰扭转了这一价值观:不是沉思,而是活动才是最根本的人性特征。如果你愿意,可以把它算作财产观念的改变。洛克是第一位认真描写劳动的哲学家。他在 1689 年出版的《政府论(下)》中问道,如果《圣经》告诉我们地球是上帝馈赠给人类的共同财产,那么怎样才能证明私有财产的合法性呢?他的回答很简单:即使在自然状态下,我们也拥有我们的身体;如果把身体的劳作和某物结合起来,我们也就拥有了它。农民耕种土地、播撒种子、照料幼苗、收获果实,因此就有权利拥有果实——只要在果实腐烂之前吃个够,把剩下的给别人。很有意思,卢梭让爱弥儿种一片豆圃让他理解什么是私有财产。但货币的发明使得洛克所说的财富积累的条件不再成立,因为货币不像李子或苹果那样会腐烂,而且有人试图论证,洛克理论的提出实际上是为了论证早期资本积累的合法性。当代实业家喜欢用洛克的观点来争取更低的税,仿佛成立一家公司就相当于在自己的小园子里劳作(但公司依赖真正制造产品的工人、培训他们的学校和通向工厂的道路,更不用说防盗的警察了)。尽管洛克关于财产的劳动理论有这样那样的问题,它确实有助于把劳动提到中心位置。

在康德看来,正是行动赋予生命以意义,同时它也成了一种责任。他在《道德形而上学的奠基》中说道,不需要工作的富人像"南海岛屿上的居民",容易听任自己的才能生锈,沉溺于懒散安逸、寻欢作乐和生儿育女。康德说,如果这样做,就忽略了他对自身人性的责任,因为他和我们所有人一样都具备与生俱来有待进一步开发的能力。

> 要是亚当和夏娃一直待在伊甸园,他们可能什么也不做,只是坐在一起,唱田园牧歌,欣赏大自然的美。这样的想法同样是错的。显然,和其他人一样,在这样的情形下,他们会感到厌倦无聊。人得有事做,为心目中的目标忙碌。他自己完全没有意识到,对他来说最好的休息就是工作之后的休息。(《论教育学》,第461页)

黑格尔对劳动的赞颂更向前迈了一大步。在他看来,我们自己的人性意识从承认开始,而在围绕承认展开的斗争史中,工作占有举足轻重的位置。黑格尔在《精神现象学》(Phenomenology of Spirit)(1807年)中写道,历史始于败者为奴的斗争。但主人的胜利也是暂时的,因为被迫为他劳动的奴隶实际上在推动世界历史前进。究其实,奴隶赋予主人以主人的形式,就此而言,他就是鲜活的上帝形象。马克思从黑格尔的辩证法出发,认为劳动的能力使人类有别于其他动物,使我们成为有创造力的生物,能打造通天工程。虽然一些高等动物偶尔也能制造些东西,但只有人类能制造生产工具本身。因此,劳动的异化——事实上,我们大多数人都把自己的劳动能力卖给拥有生产工具的人——剥夺了工人的劳动成果,付给工人的工资不过是 CEO 的 1/200(国际平均工资,不包括奖金和股票收益);此外,异化劳动还剥夺了工人劳动本身的意义,即人类活动赋予我们自由的本性,因此几乎是神圣的。马克思认为,在真正的人类社会,我们所有的劳动能力都将得到发展:我们上午打猎,下午钓鱼,吃过晚饭后研究哲学。

阿伦特坚信活动是人类必不可少的,因此她为她的书《人的境况》起了一个拉丁文书名：*Vita Activa*。她把活动和出生联系起来，并视之为政治思想的中心范畴。

> 劳动不仅确保了个体生存，而且保证了人类生命的延续。工作和它的产物——人造物品，为有死者生活的空虚无益和人寿的短促易逝赋予了一种持久长存的尺度。而行动，就其致力于政治体的创建和维护而言，为记忆，即为历史创造了条件。劳动、工作以及行动，它们都承担着为作为陌生人来到这个世界上的、源源不绝的新来者，提供和维护世界，为他们作规划和考虑的责任而言，它们三者都根植于诞生性(natality)。(《人的境况》，第8-9页)

阿伦特试图把启蒙运动对人类行动的一般看法讲得更加具体，同时她还特别批评马克思未能区分劳动和工作。劳动是我们非做不可的事，即不断生产我们赖以生存的东西——主要是食物。劳动永远不可能是完全自由的，因为对它的需求出于天性，另一方面劳动也不生产可以持久的东西。相形之下，工作这种活动具有黑格尔和马克思所觉察到的自由和神圣性质。因为工作创造了可以持久的东西，从桌子到艺术品，它们创造了一个世界，使我们得以在宇宙中确定一个位置，否则宇宙就像我们人一样无常而又短暂。我们很早就知道我们会死。

> 有死者的任务和潜在的伟大在于他们创造——作品、业绩和言辞——的能力,这些产物至少在某种程度上属于长久存在之列,正是通过它们,有死者才能在这个万物皆不死(除了他们自己)的宇宙中找到他们的位置。(同上书,第19页)

无需借助哲学就可以看到,工作对于人类来说至关重要,它会改变世界的某些部分。看到一个蹒跚学步的孩子玩泥巴的样子就足以明白这一点,他是那么认真。只要孩子们有足够的力气能用手指握住一个小铲子或一支铅笔,他们就开始制作东西了,而且停不下来,除非你把他们放到非常有吸引力的屏幕前面。在米德笔下的萨摩亚和世界上所有贫穷的国家,孩子们到了五岁就要开始劳作,为家庭生活做出实实在在的贡献。在发达国家,工作是成年人的专属领域,实际上也是成年人的典型活动。你可以退学,也可以永远没有旅行的念头,但学习如何工作对成长来说是至关重要的。

因此,毫不奇怪,卢梭对工作思考甚多。(我们还没有讲完卢梭。在谈到康德的时候,随时可以看到卢梭的影子。这一事实本身就足以证明对康德的以下漫画式理解多么荒唐:康德是没有心肠、只知道循规蹈矩的形式主义者。)卢梭曾做过镂刻匠学徒、杂役、广告牌画匠、书记和音乐教师,直到后来获得文名以及贵族的赞助才得以靠笔杆生活。他笔下的爱弥儿出生富裕,所以他无须为谋生而工作。但卢梭明确指出,如果他出身贫寒,就不需要像现在那样亏欠别人甚多。任何父亲都没有传给儿子让他对别人无用的权利,一个人坐在那里吃不是他本人挣来的东西,就同抢劫行人的强盗没有什么分别。

> 一个与社会相隔绝的人,对社会毫无亏欠,有权利随心所欲地生活。但是,生活于社会之中的人必须依靠别人,所以他得付出工作的代价。没有人可以例外。因此,工作是人不可推卸的责任。任何一个公民,无论高低贵贱,只要他不干活,就是一个无赖。(《爱弥儿》,第 195 页)

因此,爱弥儿要学一门手艺。他已经知道怎么种地;卢梭让他种植豆圃不仅给他上了一堂直观的洛克财产理论课,而且确保他能种出自己吃的食物。但是农民易受命运的摆布,坏天气、战争,或者一场官司就可以让他失去土地。相反,手工艺者想去哪儿就去哪儿。他无须担心,也不用奉承谁。只要他能做出有价值的东西,就能养活自己,也能获得自由。

> "你要我的儿子去学一门手艺,要我的儿子做手工匠人,老师,你是这样想的吗?""夫人,我在这方面比你想得更周到,你只知道使他成为王公贵族一类的人物,然而说不定他将来会成为一无所能的人咧;至于我,我要给他一个他怎样也不会失掉的地位,在任何时候都可以使他引以为荣的地位。"

(同上书,第196页)

卢梭想了很多行业才确定木工手艺。它干净实用,甚至可以是优雅的,还需要技巧和勤奋,能使身体强壮。最重要的是,木工总是可以满足人们实实在在的需求,因此它远离虚假需求和虚假需求导致与要求的依赖性。

> 你是一个建筑家或画家,是的;但是,必须要人家了解你的才能,你才可以施展你的本领。你以为可以把一个作品直接拿到沙龙里去陈列吗?啊,那是办不到的!必须要你在法兰西学院挂一个名才行,甚至想在墙角边上找一个阴暗的地方陈列,也要托人家的庇护。所以,把尺子和画笔扔掉,坐一

> 辆马车,挨家挨户地去走访,这样才能传出你的名声哩。你应当知道,重要的是要善于吹牛而不是本领熟练,如果你只懂得你那门技艺的话,你在别人眼中将永远是一个无知的人。(同上)

卢梭说道,对于那些像政治顾问那样教导人以及从事今天赋予人身份的各种职位的人来说,的确就是如此。大多数父母仍然希望他们的孩子和文字或数字打交道——尤其是后者——而不是靠双手谋生,他们从未意识到这很可能使孩子永远处于依赖地位。相反,一门手艺可以让他们不受命运的摆布。卢梭的建议依然是明智的,即使今天像爱弥儿这样的人可能要在吵得需要戴上耳塞的摆满电锯的车间里而不是站在乡下后院的木棚里劳作。他们在哪儿都能养活自己。如果你能做桌子或造房子,无论是法国的普罗旺斯人还是大洋洲的汤加人都乐意和你联系。

不只是卢梭把木工手艺看作是忠实有用的工作的典范。阿伦特在区分工作与劳动的时候经常提到桌子。但是世界不需要**那么**多的桌子;不是所有人都能以爱弥儿为榜样。今天,之所以要学习各种会了就能跟你一辈子的技能,更多的不是因为发展拥有的才能时所获得的满足感,以及运用这些才能所享有的自由,而是因为失业这个恶魔。因为我们有其他的问题。卢梭引入虚假需求这个概念,说明我们生活在其中的制度如何与我们的成长背道而驰:玩具使我们眼花缭乱,太多琐碎的产品使我们目不暇接,以至于我们太忙于做愚蠢的选择,而忘记了是别人决定着那些成年人应该做的选择。有必要重提这些想法,它们至今具有颠覆性,而且非常重要。但现在的情况比这位18世纪最有先见之明的思想家想象的还要糟糕。

保罗·古德曼(Paul Goodman)五十多年前就描述过这个问题。古德曼也接受启蒙思想家的观点,即"哲学真理只有在有意义的活动中才能获得快乐",不过,他在《荒谬的成长》(*Growing Up Absurd*)中说道,困扰青少年的是以下事实:成年后没有体面的工作。长大之后的工作无疑应该是有用的,它需要投入精力、精神和自己最耀眼的能力;换言之,工作是可以带着荣誉和尊严去做的。符合这些标准的工作少之又少;大部分工作只是做一些明显无用、可能有害、肯定浪费的事,微不足道,默默无闻。在古德曼的时代,大家都有活干;现在,无数有能力的年轻人只要能找到工作就很开心了。他们可做的选择往往比古德曼的时代的年轻人要差得多。从事体力劳动的人很可能发现自己在生产一些设计不合理的东西。能说会道的人可能会去教书,一份非常体面的职业,但他们很可能发现自己受着教育机构的压迫,而这些教育机构正在逐渐偏离它们所声称的目标。其余的人很可能只能做做销售员、商务经理或广告商。古德曼对后者的指责尤为犀利。他关注的不是广告引起了虚假需求这样的经济和政治问题,"而是人的问题:(演员)像小丑一样地工作;作家和设计师像白痴一样地思考;广播公司和保险公司知道事情的真相,而且煽风点火。他们时而自信满满、谎话连篇、油嘴滑舌,时而阿谀奉承、傲慢无礼"。

和古德曼写书的年代相比,广告已经变得很微妙而且无所不在,以至于我们不再注意到它的影响,忘记广告并不是我们生活中必不可少的。亨利·詹姆斯晚期的一部小说预言广告"新科学"将改变世界。一百年以后,我们已经察觉不到这些改变,也察觉不到广告是如何入侵我们的生活的。也许唯一能做的就是在古巴这样的地方待上一阵子,那里没有广告。一踏上哈瓦那的土地,你就会立即注意到那儿没有广告牌,也不再需要思考广告牌所呈现的经过精心设计的扭曲是聪明的还是愚蠢的。你突然意识到,你在其他地方会问自己这样的问题:这比我已有的东西更好吗?穿在我身上会是这样子的吗?会讨他欢心,令她羡慕吗?我能在促销活动结束之前赶到吗?这些问题从意识的边缘升起。在广告的深处交织着情感。广告模特的皮肤光滑细腻,身材火辣性感。他们的目的就是把你的自信揉成碎片。如果我拥有其中一样,是不是可以看起来光彩照人?如果我拥有其中一样,会不会有更多的爱慕者?广告业用"创意人"一词来形容那些耗尽余生来寻找新的途径潜入我们的头脑来说服我们购买无用的东西的人,这实际上充其量不过是拙劣仿作上的点缀。

既然世上没有给成年人更好的有意义的工作,我们不愿意长大就不足为奇了。古德曼要我们对这些习以为常的事实抱以惊讶:对我们大多数人来说,问一份工作是否真的有创造性已是一种奢侈,我们只是关心薪酬高不高,工作条件好不好。**"在我最富创造性的年岁里,我每天花八个小时做毫无意义的事情——成长要面临这样的事实意味着什么?这是问题之所在。"** 那些工作条件不合情理,但我们不得不相信它们自然是或曾经是世界的一部分。在工会软弱无力、薪水微薄、电子产品随处可见的时代,如果一天中只需要用八小时做毫无意义的事情,我们大多数人都会感到很开心。

在过去一个世纪里,工作在很多方面已经变得越来越难,也越来越难以令人满意,但我只着重讲一个方面。古德曼以及同时代的其他评论家提到过计划淘汰(planned obsolescence),上文关于工作哲学的讨论应该能让我们明白计划淘汰是多么可怕。很多关于社会的压迫性特征的说法都是未经深思熟虑就提出来了,这让阴谋论显得可笑,但计划淘汰的的确确是同业联盟想出来的。1924年,由通用电气、欧司朗和飞利浦等制造商组成的联盟太阳神卡特尔(Phoebus Cartel)在瑞士开会,达成了把灯泡使用寿命缩短为1000小时的协议,而当时灯泡的平均使用寿命长达2500小时(有些灯泡用了100年还在用),这样就可以卖掉双倍以上的灯泡。卡特尔成员严格控制旗下子公司,不降低灯泡质量的公司会受到惩罚。卡特尔在十年内成功地把灯泡的使用寿命的标准定为1000小时。这样做不需要阴谋,因为类似的想法早就不是秘密了。1928年,刚创办不久的广告期刊《印刷机墨水》(Printers Ink)声称"用不坏的物品对商界来说是个悲剧"。商品制造出来一定要会损坏的做法绝不限于灯泡。汽车行业早就发现了这一点。1931年,通用汽车挤走福特控制了市场,因为后者过于守旧,坚信产品应该做得经久耐用。

"计划淘汰"一词最早出现于1932年美国企业家伯纳德·伦敦(Bernard London)所写的小册子,认为要降低大萧条时期的失业率,政府应该强制执行计划淘汰。在一个环境意识还有待加强的时代,这个解决方案看起来很简单:产品报废得越快,需要生产的产品就越多,需要投入生产的工人也越多。这里不需要赘述公司赚取的利润也会更多。事实证明,伯纳德·伦敦的强制性计划淘汰提议是没有必要的,因为广告业深谙诱惑比法律更有效力。让消费者相信他们的东西在还没有真正坏掉之前就已经过时了的做法始于20世纪50年代。商品有时候还需要修补:杜邦公司发明了强韧无比,可以拉动一辆卡车的尼龙丝袜之后,公司让化学家重新回到实验室去设计出手指甲也能划破的丝袜。今天的产品大多含有确保它们会用坏的电脑芯片,现在我们每隔几年就得更新一次我们所需的大部分东西。这样的生产体系再也不需要同业联盟和罚款就能得到维护。过去,东德灯泡制造厂的产品点亮了半个北京。1981年他们试图在西德交易会上出售使用寿命更长的产品,但别的公司都没有兴趣购买其产品。柏林墙倒塌,东欧人的出行不再受限,西欧公司的贸易限制也随之取消之后,这家工厂很快就倒闭了。

批评家万斯·帕卡德(Vance Packard)和戴维·理斯曼(David Riesman)与古德曼相差甚大,但他们也谴责计划淘汰的引入,哀叹 20 世纪 60 年代早期迅速崛起的消费文化的其他特征。这很可能是"计划淘汰"一词不再使用的原因,取而代之的是含糊的"产品生命周期"(product life circle)。生命周期听起来很正常,是从生到死的生命过程。现在我们使用的大部分东西还没付清全款就得换新了,我们还觉得这很自然。阿伦特的分析恰恰揭示了这样想是多么的反自然:

> 如果不从大自然获取东西并消耗它们,如果不保护自己免受自然兴衰过程的侵蚀,具有劳动能力的动物就不能生活。但是,如果没有其耐久性适合于使用并建立一个世界(它的永恒恰恰与生命的短暂形成鲜明对照)的东西,使人在其中有家园之感,那么这种生活就不是属人的。(《人的境况》,第 135 页)

阿伦特在《人的境况》中的论述拓展并完善了现代哲学的信念:人类生活不是被动的。换一种说法,我们是依着造物主,也就是创世的存在者的形象造出来的。当代生活把这一点颠倒过来了,因为它的基础是一种极度不平等且对地球具有破坏力的经济,它破坏人的根本价值本身——即创造有价值之物的欲望。我们希望自己的劳动所结出的果实和付房租没有关系。有时我们可以看到这一点:手艺人做了张桌子、补了双鞋子、造了个句子或者烤了块面包之后,脸上流露的满足感会永远留在那里。(因为面包会发霉,不能保存很久,阿伦特没有把烤面包算作工作,而是纳入级别较低的劳动。一位好的面包师依然希望人们在吃完面包之后能够记住它的味道。)现在的年轻人大多不再干手艺活,而"手工"也变成了一个与"爱好"相关的词,被用作给小孩子或老年痴呆症患者转移注意力的方式,因为他们做的东西没有价值,语言往往会掩盖而不是揭示真相。

为什么成年人想创造有价值的东西? 不妨称之为感恩回馈:我们得到了馈赠,能活在世上,因此想回馈世界一些东西以表示谢意。也可以称之为自恋:我们想在世间留下自己的印记。两者可能结合起来,成为我们尊严感的一部分:作为一个独一无二的人,我想在世间留下签上我名字的东西。**这是我之所以是我的一部分。**(正如阿伦特所说,对奴隶制的一个谴责,乃是在世上走了一遭没有留下任何存在过的痕迹。)在一个由生产废品所驱动的经济体系里,尊严遭到了否定。人们常常用其他名字来称呼这种被设计成迅速报废的产品,但据说世界上最赚钱的行业也即金融业成功地把一样产品命名为"垃圾债券",并且已经因为它们所造成的废墟而受到过惩罚。

自 20 世纪 50 年代出现上面这一类批判以来,有些词越发清晰,而另一些则越发含糊。古德曼可能会认为,下面那种样子的未来未免夸张:

> 设想一下超出了人类尺度的人造环境会是什么样的。商业、政府和固定资产封锁了所有的空间……公众言论完全不顾人类现实。在僵化的等级制度里,每个人都有一个位置,上流阶层不代表任何与文化相干的东西。大学纯粹变成了的技工与文化人类学家培养基地……联邦调查局的档案卡记录了每个人的谎言与真相。如此等等。(《荒谬的成长》,第 123 页)

也许我们会羡慕他的恐惧。五十年后的今天我们不得不身居其中的世界,还不如他所担忧的。只要想一想摇滚乐和蓝色牛仔裤变成了商机就会明白,几乎没有留给我们可以生出反抗的空间。因特网的本意是要把我们联结在一起,获得更大的自由;它确实把我们联结在一起了,但同时却让我们处于古德曼笔下的联邦调查局只能在梦里想一想的监管形式之下。诚然,对很多人来说,这样的联系的确带来了更大的自由,使得批判活动家群体能够形成跨国联盟,采取一致行动反对糟糕的境况。有些人忙忙碌碌,只为了拯救地球。他们的想法是对的,我们想要的其他任何东西都要以此为前提。但是,很多环保人士的批评没有找对地方。例如,我们常常看到,人们谴责启蒙运动引起了气候变化,因为它让我们对自然采取无止境的行动,而不是与之和平共处。这一类批评常常向往启蒙运动之前的文化,希望回到以前的生活方式。

另一些看到的更全面:我们的现状不是落实而是颠覆了启蒙态度。威胁生命的行为无论如何都不是符合生命的应然状态的行为。我们天生强烈要求过一种囊括学习、旅行和工作等一切活动在内的生活。然而,我们一方面被困在一个把人的需要倒置的世界之中,另一方面又与之共谋。这不是说我们长大了就接受现实永远不会与我们的生活理想相符。真正的问题比这更糟糕、更系统。我们告诉孩子,他们提出的所有问题和已经想到的很多问题都会在学校里找到答案,然而,他们被送去的机构却让他们失去了提问的欲望。我们想要更了解世界,而不是窝在世界的某个角落里,但我们的旅行大多事与愿违:要么在无比严密的保护措施之下游览成人世界,要么完全逃离成人世界——否则就在你付得起的阳光最灿烂的沙堆上玩耍。我们想在世上留下印记,但结果只是制造或出售一些让我们分神的、注定要损坏的玩物。我们把本应成为生命本质的活动变成了仅用以维持生计的手段。总之,我们认为理所当然的生活方式是对生活本身的歪曲与倒置。那么,谁想长大去面对这样的生活呢?

我们用哲学展现了我们所处世界的某些观念性的恐怖之处,希望能够理解世界在何种程度上违反了我们的天性,从而有助于我们反抗它。但是我们提及的事实无一是新的。这些事实显而易见,令人震惊,所以德国作家英果·舒尔策(Ingo Schulze)把和我们有类似想法的人比作安徒生童话《皇帝的新装》中的孩子。① 所有人都知道统治者赤裸裸地站在那里,但是没有人愿意指出——除了害怕别人说自己是哑巴或蠢蛋外,没有别的损失。令舒尔策感到吃惊的是,金融危机所暴露出的政策,要比他在20世纪70年代共产主义东德的学校里所学的资本主义还要恶劣。

1989年东欧剧变的影响远不限于东欧。成千上万的人涌过柏林墙的景象近乎让比较两种制度的任何做法都显得无关紧要。自冷战结束以来,新自由主义——认为不加监管的自由市场生产越来越多的劣质产品是人类幸福的基础——似乎成了一种宗教,同时又带着绝对主义的论调。人们像对待陈旧的嬉皮士或空谈的斯大林主义者那样断然撵走寻找其他可能性的人。撒切尔夫人的名言——**别无选择**——即便认为"这不可能是对的"的人也接受了。同时,进化心理学预言自然永久的竞争是人类行动的基础,它成为最流行的一种对人类行为的解释并非偶然。

市场原教旨主义成为全球主流意识形态的同时,宗教原教旨主义也爆发了,这当然绝非偶然。可悲的是,

---

① Ingo Schulze, *Unsere schöne neue Kleider* (Berlin: Hanser Berlin, 2012).

两者是彼此最常见的替代者。在冷战中取得胜利的人们坚信,其他意识形态将被他们的新自由主义所取代,新自由主义的底线是衡量一切价值的标准。与这样的预言相对抗的是,我们看到过去几十年里有些人在愤怒地拒绝如下观念,即物质需求才是我们的驱动力,其他一切都是可以牺牲的无价值的东西。很早之前,马克思就要言不烦地批判了这一观念:

> 资产阶级……把宗教虔诚……淹没在利己主义打算的冰水之中。它把人的尊严变成了交换价值,用一种没有良心的贸易自由代替了无数特许的和自力挣得的自由。……一切固定的东西都烟消云散了,一切神圣的东西都被亵渎了。(《共产党宣言》,1848 年)

但是,马克思主义所许诺的一切似乎都因现实中社会主义的挫败而无法兑现,在这样一个时代,传统的宗教成了通往理想主义的捷径。任何严肃的圣战研究都告诉我们,当代西方文化最犀利的对手是那些接触过西方文化的人。[1] 之所以会有人崇拜本·拉登,不是因为他的

---

[1] Scott Atran, *Talking to the Enemy*: *Violent Extremism*, *Sacred Values*, *and What it Means to Be Human* (London: Penguin, 2011)。

组织——它比通常设想的要弱得多,乱得多——而是因为他蔑视他的巨额财富能买得起的一切东西而甘愿以山洞为家。

在所有重要的宗教中,原教旨主义处在上升期,因为它似乎提供了某种不能买卖的有价值的东西。其悲剧在于,即使在它没有引发暴力的地方,它也无力提供它所追求的那种尊严。成年与宗教权威宣扬的行为毫无关联。但是我们提供了何种其他选择?前纽约市市长鲁迪·朱利安尼(Rudy Giuliani)告诉市民,用购物对抗恐怖袭击。这真是一个令人振奋的观点——不,确切地说,英雄主义的观点。在这样一个世界里,原本用于讽刺的那句话不再具有反讽意味:*死的时候,谁的玩具最多谁就是赢家*。在这样一个世界里,孩子们再也看不到成长比收藏更多的玩具有更多的意义,于是有些人就会寻找手头最简单的替代方案。

幸运的是,在过去几年里,已经有人开始提出其他可能性。虽然还没有大规模的运动,但是一些小的团体决心寻找生产、消费、劳动和工作的其他形式,这样的做法遍布全球。他们致力于裁决而不是受制于世界,明智地消费物品而不是被物品消费。我们不需要深刻的洞察就可以发现,现在的境况不适合成年人。如果舒尔策的比喻是对的,那么我们根本不需要洞见,只需要有勇气道出真相而不害怕被人说孩子气。但是担心别人是否认为你成熟,不是最不成熟的表现吗?

四、为什么要成长?

简短回答:因为它比你想的要难,难太多以至于你想抗拒。塑造我们世界的力量已不再像康德的时代那样关注真正的长大成人,因为孩子更容易成为顺从的臣民(兼消费者)。康德在道出这一点时,也小心翼翼地指出与我们的不成熟不谋而合的方面:自己思考要比别人替你思考不舒服得多。康德已经把问题的结构剖析得十分清楚,但驱使我们处在不成熟状态的事物比从前更微妙更具有侵略性。我们的周围充斥着各种各样的信息。有一半的信息迫使我们变得严肃,不再做梦,接受世界实际的样子,并把成人的世界描绘成对现状的妥协。另一半的信息则是关于如何保持年轻的产品和建议,多得泛滥成灾。我们几乎不会看到理想中应该有的成年图景。如果成熟的惨淡景象从未被明了地策划过,那些策划者正是希望世界不要比现状好以便从中获利,那么现在的情况是大大地符合他们的利益。向世人展示任何正常的灵魂都不会渴望的成熟景象,还有什么比这更能驱使人们陷入自发的不成熟状态呢?

听到"严肃"(serious)这个词你会想到什么呢?词典的解释是双向的,列出的同义词有**严厉**(stern),**不笑**(unsmiling),**冷酷**(grim),**阴沉**(dour)**和不幽默**(humourless),**认真**(earnest),**真诚**(genuine),**全心全意**(wholehearted),**坚定**(committed),**果断**(resolute)。一层定义关涉"一个人的所说或所为";另一层定义关涉"严肃、重要或复杂的事情"。成年的主流图景把这些定义全部混合在一起,酝酿成一锅酸涩的汤。结果,即便是非常有思想的人也把抗拒成长当作自由和精神的标志——这是我的两个朋友听到我在写这本书时的反应。他们各有特点,但都属于我所认识的最成功的成年人,尽管其中只有一位获得了世俗意义上的成功所代表的一切。现在两个人都当了爷爷,仍然热情地投身于艺术和写作,穿梭于多种语言之间,是心胸开放的行动派。他们听了我选择的主题都感到吃惊,其中一位还觉得很厌恶。另一个则坦率地说:"彼得·潘一直是我心目中的英雄。"如果你见过他,你无法想象他会这样。

成年需要面对极其复杂的社会阻力,所以它是一个颠覆性的理想。和其他理想一样,它指导着我们的行动,但永远无法通过我们的行动得到全面实现。卢梭的问题依然是我们的问题:一个从根本上否定成年的社会不可能培养出非常活跃且有责任感的公民;但另一方面,如果没有相当数量的有责任感的成年人,也不可能创造出另一种社会。康德知道他的解决办法只能是不完备的:成长永远无法完成。它需要几代人的努力,每一代人都受到我们无法选择的教育的限制,我们充其量可以从中获取某些有价值的东西,在一定程度上将我们从其他价值中解放出来。1968 年,哲学家马尔库塞(Herbert Marcuse)甚至写道:"当今所有的教育都是治疗:通过各种可能的社会手段解放人,而这个社会本身迟早会把人变成畜生,即便人丝毫没有察觉到这一点。"①

但一定程度的解放也会让下一代有一个更好的开始。你得承认哪怕尽最大的努力去独立思考和自主行动,也不可能获得完满的结果,而这并非失败——有这

---

① Herbert Marcuse, "Liberation from the Affluent Society", in David Cooper, ed., *The Dialectics of Liberation* (Harmondsworth: Penguin, 1968).

样的认识乃是成长的题中应有之义。甚至,用"向上发展"(growing *up*)的隐喻来理解成年也是误导性的:人生过程始于儿童期的身体生长,进而鼓励我们去设想人生之途稳步上升直到顶峰,然后消失在云端(如果你有宗教信仰的话)或者滑入另一端(如果你没有宗教信仰的话)。但道路总是不平坦的。你攀上高峰,结果却发现它只是座小山丘。你迅速鼓起劲头走下山丘,穿过平地,直到开始又一次攀登高峰,你现在确信它是最后一座真正的高峰了。这样或那样的成功。随着年龄的增长,你越来越意识到平地并非没有尽头,纵身跳下也绝少致命。如果你喜欢其他旅行模式——生命好比旅程,这是非常古老的比喻——也许可以想象自己坐在"纽拉特(Otto Neurath)之舟":"我们就像水手,必须在辽阔的大海上修复自己的船只,没有条件在干的船坞上拆卸它、用最好的构建组装它。"[1]

每一个学习分析哲学的人都在认识论或科学哲学的入门课上听到过这句引文,也会听到这句话是出自奥

---

[1] Otto Neurath, *Anti-Spengler* (Munich: Georg D. W. Callwey, 1921), p. 199.

地利哲学家纽拉特,维也纳学派的创始人之一,该学派常被视为分析哲学的源头。但很可能没有听说过这句名言最初出自《反斯宾格勒》(*Anti-Spengler*),也不会知道这本书写于狱中。纽拉特把这本书献给"年轻人和他们所塑造的未来",以批判当时的畅销书《西方的没落》(*Decline of the West*),在那里斯宾格勒(Oswald Spengler)花了两卷的篇幅论证衰落与末日。

纽拉特选择了一条不同的进路。除了写作,讲授逻辑学、政治经济学、科学哲学和社会学以外,他还领导开发面向低收入劳动者的住房,并创办维也纳社会经济博物馆。他最热衷的事业还包括教育,所发明的成人教育图表系统影响至今。这些仅仅是辉煌的部分。纽拉特曾经领导巴伐利亚苏维埃共和国经济规划局,当短命的巴伐利亚苏维埃共和国覆灭时,做了一辈子左翼社会民主党党员的纽拉特被捕入狱了。在他到纽约和莫斯科等地旅行之后,奥地利沦为纳粹附属国,纽拉特离开维也纳,流亡到了荷兰和英国。从纽拉特高强度多彩的活动来看,他拒绝屈从于斯宾格勒等人宣告的世界衰退的论调。他的生活,和他那著名的比喻一样,堪称成年人的典范。

有些读者可能前面读下来一直很顺畅，但会在这一点上犹豫不决。**这样的生活非常适合有些人……精力特别充沛的人，但是如果你称之为成年，大部分人不想要这样的生活**。他们倒不是认为成年就需要打领带或表情严肃（比如"板着脸"），但是他们能感觉到世事要求他们切实地考虑一切才能有所收获。谢谢你的好意，不过他们宁可窝在沙发里上上网。**你能对他们说什么呢？**卢梭在《社会契约论》里说了一句听起来让人感到遗憾的话，那就是"人们必须被迫获得自由"，但他也知道自由和强迫是冲突的。我们的确会说有些人是被迫长大的，战争、遗弃或家庭悲剧过早地将他们推向他们本不该承担的责任。但是没有人愿意发生这些，因为这样造就的人固然可能有我们需要的坚毅勇敢，但同时也很可能充满痛苦与恐惧。我们不能命令别人变得成熟，它必须是人们发自内心的渴望。我们能做的不是强制而是劝导，运用比我们现在所知道的更具有说服力的模式。我们需要的不是因光明即将熄灭生起了愤怒，而是要像狄兰·托马斯（Dylan Thomas）那样，因为用"风烛残年"来形容年老的光景而感到愤怒。某些发光体越到后来越是明亮。

年岁渐长,我们有了自己的经验和视角。这还不是智慧,但视角往往带来了年轻人所不知道的愉悦。过去十年出现了大量的研究,对于认为成年是一门充满失望的功课的人来说,心理学家和经济学家有一个令人吃惊的发现:大多数人越老越快乐。这些研究包括长达五十年的格兰特研究(the Grant study),它对哈佛大学的毕业生进行了深度访问,受访人来自72个国家。调查没有过分注重细节,而是颇为宽泛。大部分人的汇报呈现出"U"型现象:中年之前,人们的快乐一年比一年少——全球平均低谷在46岁,尽管国与国之间差异很大,年龄最小的国家是瑞士,35岁,最高的是乌克兰,62岁——过了这个年龄点之后他们认为自己越来越快乐。研究人员考察了所有明显的因素——收入、就业率和孩子——但发现这些都无关紧要。不管社会地位和经济状况如何,随着年龄的增长,人们认为他们的生活越来越愉快。从美国到津巴布韦的实证数据都显示了这样的结果。

这样的调查结果迫使科学家努力寻求解释。有一项研究对大脑进行扫描,发现年纪大的人淡化了对负面事物的记忆。这意味着老化的海马体筛选愉快的经历而压制不愉快的记忆。另一项研究比较了30岁和70岁的人对诋毁他们的人的反应。两组人都很忧伤,但只有年轻人真正为此生气。这说明年长的人更容易控制情绪。这两种解释应该都有一些道理。嘲世者可能把这些调查结果理解为期望值降低:我们变得只要很少一点东西都能让我们快乐。大多数心理学家承认,我们就是不知道为什么在这样一个世界里,成长被描绘成一个衰退的过程——无论是希望和快乐,还是帮助我们实现希望获得快乐的身体能力都日渐衰退。那么多实证研究的结果恰恰相反。

他们也报告了成长的很多正面信息。1890年,美国哲学家兼心理学家詹姆斯(William James)说道:"我们大多数人到了30岁,性格已经像石膏一样,不会再柔软了。"[1]他显然错了。例如,希伊(Gail Sheehy)和威廉特(George Vaillant)分别对生命周期这一课题进行了长期研究,他们设想人们到五十几岁就停止成长,但调查对象令他们对此改观良多。威廉特报道说,一位75岁的受

---

[1] William James, *The Principles of Psychology*, vol. 1 (London: Macmillan, 1890), p. 121.

访者非常愤慨:他知道,随着年龄的增长他只会越来越好——而且越来越快乐,部分原因是因为他知道这一点。莱昂纳德·科恩(Leonard Cohen)说得很具体,他的骨头可能"会在曾经活跃的地方出现疼痛",但他依然在努力使自己成为想要成为的人,他的生活充满了他以前从未发现的意义。①

即使在与成长敌对的文化里,人们还是身处一个不得不在某种程度上成长的过程里不由自主地变老。在成长过程中,我们发现事物变得美好了,越来越强烈地感觉到美感上的愉悦。少年时你听到人们说应该欣赏日落,但你忙于探索世界,不能静静地坐下来观赏。再后来,你抗拒本应该感觉得到的情感,斥之为庸俗。随着年龄的增长,你不再关心日落在别人眼中是否庸俗。你用自己的眼睛去看它,内心充满感激和欣喜。对于美好的艺术和音乐也同样如此。古罗马哲学家西塞罗在他的花园里发现:

> 从土里繁殖出来的一切东西都具有一种自然

---

① George Vaillant, *Triumphs of Experience* (Cambridge, Mass.: Harvard University Press, 2012).

力,因为泥土能使一粒细小的无花果籽、一粒葡萄核,或其他谷类和植物的最小的种子,长成硕壮的枝干。关于这种自然力,我在这里就不谈了。但是楦形切枝、接穗、插枝、压条——难道这些还不够令人惊喜吗?(《论老年》[*Old Age*])①

他接着花了不少笔墨描写葡萄藤这类寻常事物,大发感慨:"还有什么比葡萄更可口、更美观的呢?"美感享受的纯粹性增强了,而其他形式的感官愉悦也改变了。你仍然能感觉到强烈的欲望并且会满足欲望,但它不再像年轻时是主宰你的力量。柏拉图的《理想国》开篇讲了一个诗人索福克勒斯的故事,有人问他:"索福克勒斯,你对于谈情说爱怎么样了,这么大年纪还向女人献殷勤吗?"他说:"别提啦! 洗手不干啦! 谢天谢地,我就像从一个又疯又狠的奴隶主手里挣脱出来了似的。"②你可能会同情索福克勒斯,并且提醒你自己毕竟他是一位悲剧诗人。但是你从未做过一个浪漫的决定——可能是我

---

① 译文参照西塞罗:《论老年 论友谊 论责任》,徐奕春译,商务印书馆,2003 年,26 - 27 页。——译注
② 译文参照柏拉图:《理想国》,郭斌和、张竹明译,商务印书馆,1986 年,第 3 页。——译注

们所做的最重大的决定——抛开欲望确证爱？成长意味着认识到生命中没有一个阶段是最好的，因此下决心享受每一秒能够抓住的快乐。你知道分分秒秒都会过去，一旦辜负了就再也体验不到。

随着年龄的增长，我们会越来越勇敢吗？西塞罗说年老时比年轻时更自信也更勇敢，因为年老的人已经看淡死亡。有时候，往往是因为我们知道每一个人和我们一样，害怕被别人发现自己害怕死亡于是假装不害怕。那些看起来比你勇敢的人也像你一样害怕，他们只是在黑暗中把口哨吹得响亮一些罢了。当你明白这一点时，自信心就会增强，而这自信心本身就是快乐之源。你也许会开始明白康德的看法：你对自己负有责任，责任的基础是尊严，你需要把人性的观念持存在你自己那里（《论教育学》，第 475 - 476 页）。生活依然会带给你意外——如果没有意外，你也会感到迷茫——但是你学会了相信自己对意外做出反应。你已开始构思一个如何将生活的片断整合起来的故事。这个故事会不止一次地修改，变得越来越条理分明，即便并不总是变得越来越真实，它随着时间的流逝塑造你的生活。地点和物体会让它发出回声。（你曾因某段恋情站在一个街角哭得伤心欲绝,现在提起此事,就像在说一件趣事。你从集市上的一个女子那里买一个篮子,她跟你谈起了她的家乡。那幅花鸟画是一个二十年前绝交的朋友画的,至于为什么结束友谊即使你们俩今天在街上碰到也想不起来了。)

将生活视为一个整体的能力使你看见自己在生活中的力量,并发展出对自己的性格的感知。因为整体永远不是静态的,太容易失去。这更关乎决心:你开始弄清楚你想成为什么样的人,并下决心更加努力地成为你想要成为的人。这样做的时候,你根本不会关心人们会怎么看你,尽管你对他们更有用了。每一个谈论生命周期的心理学家都会谈到埃里克森所说的繁衍欲:满足感源自对世界的回馈,而你回馈的事物比你获得的更美好,尤其是抚养孩子。你也许会找到生养的快乐。你可以赠送一份礼物或者真诚地赞美,而不用担心会被看作是奉承,你再也不会把喋喋不休的批评看作是聪明的标志。

因为你的智力多半已经提高。康德把我们心智的功能分成不同的种类。这不是什么新做法,但也没有过时。神经科学研究会澄清一些东西,但神经科学的发现不会使康德的心智研究过时。弄清楚你思考这个或那个的时候,大脑的哪个部位正在运转并不能说明意识思维是如何起作用的。柏拉图对能反映我们如何思考的模式进行了试验,从笛卡尔开始的现代哲学家费尽心思去弄明白心智是如何运转的。他们描述了推理、想象、直觉感知、理解、判断、常识以及其他一系列智力活动,分类学是变动不一的。有些分类学编得像教科书,由一个简单的假设引导:了解我们是如何思考的会使我们更好地思考,谁会反对这一点呢? 康德的目标与此相似,但可能更雄心勃勃,尽管比起他的前辈,他把大脑是如何运转的解释得更细致、更系统——也许并没有他自己或他的批评者所认为的那么系统。

康德最重要的著作《纯粹理性批判》把心智分为三大基本功能。通过感性我们可以获得时空中的原始材料;通过知性,我们将这些材料加工到有质有量及其他性质的对象之中;只有运用理性才能真正思考它们。我在第二章已经提到,正是理性从对现实的简单认知中抽身向后,才得以追问为什么现实是这样而不是那样的——这也是创造性活动和社会变化等等的条件。无论你能否真正得到,对公正与快乐充满期待是合理的。

不是幼稚的白日梦,而是理性本身的第一定律使你谴责现实的某些方面。充足理由律就是要求世界应该有道理。不公正是没有道理的。

如果你真的读完《纯粹理性批判》这本书,就会发现这一点是非常清楚的。在罗素这样的读者开始打盹之前,康德介绍了心智的另一个功能。他对感性、知性和理性的讨论非常详尽,有时还显得冗长;相形之下,他对判断力的讨论异常简短。他告诉我们,判断力是把原则用于具体事例的能力,并认为它是一种只能被练习而不能被教导的特殊才能,"缺乏了这种特质,就不是教育所能补救的"(A133/B172)。教授如何运用原则的原则,会导致无穷倒退,因为你怎么知道什么时候在哪里运用这个原则?我们的经验是具体的。我无法体验一般意义上的树,但可以看见窗前飘着黄叶的菩提树。如果我不能决定这样的行为是光荣的或那样的行为是可耻的,道德原则不会带来任何益处。如果没有判断力,你可能会理解某个普遍原则却没有能力辨别某个具体的事例是否从属于这个原则。整部《纯粹理性批判》唯一一个(比较)有趣的脚注就是关于这类人的:

> 判断力的缺乏,也正是通常所谓愚笨。这种短

处是无法补救的。一个头脑迟钝或头脑褊狭的人,如果缺乏的只是适当程度的知性和知性应有的概念,诚然可通过学习而受到锻炼,甚至能成为有学问的人。但是由于这种人通常缺乏判断力,所以我们就时常遇见有学问的人在应用他们的科学知识时,依然暴露那无法补救的原有缺陷。(A135/B173)

康德的作品里很多地方都拿法律打比方,这是有原因的。一个好的法官已经学过法律并且了解与之相关的所有普遍原则,他的工作就是听一系列合理的争论,然后拉开距离、反思并做出裁决:这不是谋杀,而是过失杀人。没有判断力,理性就会瘫痪,就不能把理性观念应用于世界。人们常常嘲笑康德是循规蹈矩的,在谈及他的伦理学的时候尤其如此。他的绝对律令——这一道德法则告诉我们,不要把他人当成实现自己目的的手段,而要把他人当成目的本身——往往被描绘成一架压制出我们行事规则的机器。把人们当成目的而不是手段来对待固然是一个很好的普遍原则,但是判断你在特定情境下是否这样做了则是一件极其复杂的事。康德像其他人一样明白这一点。《道德形而上学》有一个例

子说得很明白:

> 作家问读者:"你觉得我的作品怎么样?"读者很可能只是用戏谑的方式回答说,这不是一个合适的问题。但是,谁永远具备回答问题的才智呢? 如果回答时稍有犹豫,作家就会感到羞辱。也许有这么一个人,那么我们期待他怎么回答呢?

他更通行的书《道德形而上学基础》(是的,此书篇幅短一点)使读者得出一个结论:康德认为撒谎总是不道德的。在这里,他展示了如何把社会生活中司空见惯的困境转变成思考问题的契机。康德从未告诉我们应该对作家说些什么,尽管上面这个例子确实建议作者不应该让读者陷于这样的境地,哪怕问这样一个无伤大雅的问题:"你有机会读这本书吗?"这是要读者自己去弄清楚的。

总之,判断力在思维中起着最重要的作用,因为是判断力决定了何种思想(哪个观点、哪个概念、哪个原理)应用到世界的哪一方面上。判断力实现了理论和实践之间的跳跃。康德制订了他第一个大的分类法,但很快就后悔了,在《纯粹理性批判》出版将近二十年之后,他出版了《判断力批判》(1790 年)。他在书中告诉我们,好的判断力如此重要如此必要,人们往往把它叫做常识。自该书面世以来,学者们就忙于钻研,因为尽管书中充满了关于目的论、趣味和美学的重要思想,但很难发现它是如何回答《纯粹理性批判》所提出的问题的。该书区分了确定性判断力和反思性判断,前者把具体事物归摄于一般规则之下,后者从具体事物中抽绎出一般规则,但康德几乎没有告诉我们如何做出这些判断。关于判断力,除了说它只能练习不能被教导、判断力的缺乏就是通常所谓的愚笨之外,我们还能说些什么呢?

除了其他成就,阿伦特还是一位伟大的新康德主义者;很少有人能比她更透彻地理解康德的作品,尤其是康德的以下信念:我们的理性和判断力概念具有政治后果。她也是在哥尼斯堡长大的,尽管她很早就离开了出生地并且走得很远。也许这让她有勇气去做没有人敢挑战的事情:她想仿照康德的三大批判来写自己最后的几部著作。她完成了《思考》(*Thinking*)和《意志》(*Willing*),相当于康德的纯粹理性批判和实践理性批判。1975 年,她因心肌梗塞去世,《判断》(*Judging*)的第一页在她的打字机里。那些希望阿伦特能解释清楚康德所没有讲明的问题的人只能扼腕叹息,但因为判断力本身的特殊性质,我们也很难想象她能比康德讲得更多。她的《康德政治哲学讲稿》(*Lectures on Kant's Political Philosophy*)在阐述出生与多数这两个概念时(前者指我们是生出来的这一事实,后者指世界上除我们之外还有很多人这一事实),她确实提供了一些与判断力相关的有用的思想。她强调了康德心智理论的政治性质,因为康德认为我们的人性源自社交性:

> 这是对很多关于人类相互依赖的理论的彻底背离,很多关于人类相互依赖的理论都强调,我们之所以依赖作为我们同伴的其他人,是因为我们自己的**需要和欲求**;而康德强调的则是,我们的**心智官能**中至少有一种,即判断力,是以"他者的在场"为前提的。(《康德政治哲学讲稿》,第74页)①

不同于在他之前的所有哲学家,康德认为哲学不专属于少数享有特权的人,而是一项由理性的性质本身所规定的活动——因此对我们所有人而言都是自然的。因为所有哲学都试图解决与我们所有人都息息相关的

---

① 译文参照汉娜·阿伦特:《康德政治哲学讲稿》,曹明、苏婉儿译,上海:上海人民出版社,2013年,第112页。——译注

三大问题:我能知道什么?我应该做什么?我可以希望什么?后来康德又说这三个问题可以化约为另一个问题:人是什么?《纯粹理性批判》提出了一个颇为惊人的激进主张:书中的结论对哲学家和对具有普通理解力的人是同一可证的:

> 因为我们正是由此看清楚了我们在开始时所不能预见的东西,即在毫无差别地涉及到一切人的事情中,自然分配天赋的才能时并无偏袒的过错,而关于人类本性的本质上的目的,最高哲学所能达到的,也不会超过在自然所予的指导下,乃至在最平凡的知性指导下所可能达到的。(A831/B859)

如果知道这段引文就出现在《纯粹理性批判》第一版的第831页,你可能就会嗤笑,哦某些具有普遍理解力的人。这段引文之前的很多文字大都晦涩难懂。康德自己也很清楚《纯粹理性批判》的写作风格。他说,这本书"干燥、晦涩、不合乎现有的一切概念,尤其是过于冗长"①(《未来形而上学导论》,第3页)。本书开头引用

---

① 译文参照康德:《未来形而上学导论》,庞景仁译,北京:商务印书馆,1978年,第11页。——译注

了康德一句流露着欣羡之意的评语：不是每个人都拥有他所崇拜的作家的写作天赋。毫无疑问，如果你出身诗书世家，可能会文采斐然。不过，虽然卢梭的父亲是手艺人，但他自学成才，写得一手好文章。没有捷径可走：除了偶尔出现一些佳词妙句，康德的作品往往佶屈聱牙。但就像学习某种乐器或某门语言，这样的努力是值得的，因为厘清复杂的文字之后所获得的教导对我们所有人都是有意义的。**你可以拓展你的心智。**

这些与劝导人们成长有何关系？通常判断力是需要年龄去完善的能力。从西塞罗到当代心理学家都认为：你的记忆会出现空白点，你去做那些仅依靠速度的认知测试题，所得的测试结果会大不如前。但是在所有与判断力相关的事物中，你的思维能力很可能会提高了。康德对判断力的理解解释了这一点。如果判断力不能传授，那么怎样才能习得呢？"通过比较我们的判断与可能性，而不是比较我们的判断与他人的实际判断，通过把我们自己摆在他人的位置上。"(《判断力批判》，第 40 节)不断地从他人的角度思考问题，尽可能多地让自己置身于不同人的处境，由此你可以拓展自己的心智。让纽拉特之舟成为我们的向导。随着判断力的提高,我们的学习、旅行和工作就越有可能避开我们已经看到的各种陷阱。另一方面,我们越是知道怎样学习,怎样自由旅行,怎样找到心仪的工作,我们的判断力就会越好。不妨称之为良性的环路:没有直路可以走。

在理想状态下,我们不仅可以通过观察拥有判断力的人练就好的判断力,而且也可以从反例中学习。既然判断力与具体事物有关,事例至关重要,虽然我们需要判断力来判断哪些是真正重要的事例,哪些只是扰人耳目。这些都需要时间(可能还有空间:以正确方式旅行的确能让我们有机会了解很多人的判断力,从而提高我们自己的判断力)。波伏娃在《成年》(*The Coming of Age*)中说道:

> 在哲学、意识形态和政治等领域,老年人有着年轻人没有的综合视角。为了能评价规则的某些特定例外究竟是否重要,或安排它们的位置,把细节置于整体之下,把趣闻轶事搁到一边以便抽离出一般性概念,一个人必须从相似性和差异性的角度观察大量事实。而且有一种经验只属于老年人——那就是老年本身。年轻人对此只有模糊错误的概念。(第381页)

当然，年龄的增长不是拥有良好判断力的充分条件：我们都见过又老又蠢的人。年老也不是好的判断力的绝对必要条件：有些情况下，澳大利亚土著人会任命年轻人为领袖——不是因为他们知道很多可以引导大家的古老故事，而是因为他们知道什么时候应该讲什么故事。然而，一般情况下，成长会带来更好的判断力，正如好的判断力通常是成熟的一个标志。因为掌握在你手里的东西超过了你所担忧的——即便还达不到你所希望的。不过，知道自己对老年大赞颂歌是非同寻常的西塞罗也提醒我们："在我的论述中，请记住我对老年的赞美是建立在年轻时打下的基础之上的。"（《论老年》，第 68 页）这和戒烟或锻炼身体无关，虽然西塞罗大概会劝你做这两件事。更重要的是：和别的能力一样，如果你不运用判断力，就会失去它。

但是，没有一位为人敬仰的年老的哲学家告诉我们指导方针，在这样的情形之下，怎样用好判断力呢？ 毫无疑问：**你得自己思考**，康德关于成熟的箴言无疑是含糊的。但是在不违反其意的前提下使它变得更具体如何可能？告诉某人在她遇到的每一种情况下应该怎么做？告诉某人如何自己思考恰恰破坏了她自己思考的可能性。《判断力批判》的确提出了稍微具体一点的建议:"自己思想(无有成见原则);站到每个别人的立场上思想(见地扩大原则);和自己协和一致(首尾一贯原则)。"①(第40节)这看起来似乎没有往前走多远。不过,康德的首尾一贯原则确实提供了一些指导。和自己协和一致是什么意思呢?

如果有机会,你希望生活重新来过吗?与大多数有意思的问题一样,这个问题在西方困扰了人们2500年之久,但是启蒙思想家在思考这个问题时,有着特殊的意味。这也难怪,在他们生活的时代,个人生活有史以来首次成为变化的主体。如果你生活在启蒙运动之前,你的生活绝大部分取决于你父亲的父亲的父亲的生活,在社会结构中他的地位是奴隶还是自由人像建造大教堂的石头一样坚固。人们不再认为生活是上帝安排的,或者由号称得到上帝恩赐的社会和政治势力固定在某个位置之上,只有这样,是否选择了自己要过的生活这个问题才变得有意义。

---

① 译文参照康德:《判断力批判》(上卷),宗白华译,商务印书馆,1964年,第138页。——译注

鲜有启蒙思想家完全明白他们所提的问题。这是一个关于有多少人在事实上选择重新生活的实证问题吗？它的目的和今天社会科学家展开的幸福指数调查一样吗？或者更像是一个哲学问题，追问生活是不是大体上合理？他们留给我们的所有答案都介于两者之间。在启蒙运动达到顶峰的时候，有名的乐天派莱布尼兹采取的立场令人吃惊。他认为大多数人在临死时（如果他们没有天堂的概念）都会选择重新活一遍，但唯一的条件是，新一轮的生活是一种不同的——即便不是更好——的生活。我们在同意再活一次之前坚持多样性。伏尔泰的看法如他一贯的风格，更为尖刻。他认同我们大多数人在临终之时会选择重新活一遍，但这只是出于对死亡的恐惧。即便如此，我们还是会坚持多样性：宁可为别的东西死去，也不要死在无聊之中。伏尔泰在他漫长的一生中不断写诗讴歌快乐和奢华，显然他非常享受这两者。他拥有比平常人更多更深层次的快乐：不止一次经历真正的爱情，拥有很多的朋友和爱慕者，他知道自己的诸多作品在世界上影响广泛。然而在《扎第格》(Zadig)这本书中，伏尔泰一方面坚信世界没有贬低它的人所抱怨的那么糟糕，另一方面他又愉快地讲述了一个神话,把地球说成是一个供宇宙排放污秽的厕所。他认为,我们在临终前留恋我们除了抱怨以外无能为力的生活,再次证明了人类是疯子。

休谟也认为在临死前留恋生活是件蠢事,但他的观点比伏尔泰的还要阴郁。(休谟有一种特殊的才能,能用令人愉快的优雅修饰他那黯淡的人性观点,使仰慕他的人忽略了事实上只有叔本华的观点比他的更阴郁。)休谟以经验主义者的口吻写道:

> 问问你自己,问问你的任何一个熟人,他们是不是愿意再过一次他们近十年或近二十年间的生活。他们说,不!未来的二十年将要更好一点……所以在最后,他们发现,他们是同时在控诉着生命的短暂,以及生命的空虚和烦恼(人生的痛苦是如此之大;它甚至可以调和种种矛盾)。(《自然宗教对话录》[Dialogues Concerning Natural Religion],第 99–100 页)①

在卢梭看来,以上说的都不是他的问题,而是伏尔泰和休谟的问题。他认为像伏尔泰和休谟这样衣食无

---

① 译文参照休谟:《自然宗教对话录》,陈修斋、曹棉之译,郑之骧校,北京:商务印书馆,1962 年,第 67 页。——译注

忧、家境良好的人是自寻烦恼。像伏尔泰这么幸运的人怎么会觉得世界是悲惨的呢,但卢梭"在默默无闻、贫穷、孤独、饱受痛苦折磨而得不到解救的困境中,于静谧处快乐地冥想,发现一切都是美好的"。(《致伏尔泰的信》,1756 年 8 月 18 日)他相信,和饱食过度的巴黎人不同,瓦莱的山民都愿意选择永远重复自己的生活。尽管如此,卢梭本人的选择就不怎么明朗了。很少有人把快乐描写得比他更凄美,也很少有人比他更富激情地描写自己。但是他常常说生活中痛苦多于快乐——即便在他自认为最阳光的《爱弥儿》中。

在讨论这个问题的时候,康德也是时而描述我们将选择什么,时而考虑我们应该选择什么。在《万物的终结》("The End of All Things")一文中,他提到伏尔泰把地球比喻成厕所的波斯传说,还增加了另外几个比喻:地球犹如监狱、疯人院、荒野客栈。他说,自己仅仅是重复别人用过的比喻。不过,他在其他地方的文字告诉我们,在他看来,重新过一遍生活的欲望肯定是不合理的:

> 如果一种价值仅仅按照人们享受什么(按照一切偏好之总和的自然目的,即幸福)来估量,则生活对于我们具有一种什么样的价值,就容易作出裁定

了。这种价值将降至零下;因为愿意在同样的条件下,或者即便按照一个新的、自己构想的(毕竟是按照自然进程的)、但也仅仅是建立在享受之上的计划,再次涉足生活呢?(《判断力批判》,第83节)①

他进而否定了认为大多数人更喜欢活着而不愿意死去的看法:

> 对这样的诡辩,就可以让任何一位活得足够长而且反思过生活价值的人,用他良好的感受力来回应;你只需问问他,不是在相同的条件/状况下,而是在我们这个凡尘世界中——而不是什么仙境中——的任何条件/状况下,他还愿不愿意再玩一次生命的游戏。②

这似乎是把生活看成是享乐的对象;谢天谢地,我们还有责任! 康德坚信如果没有责任,我们中很少有人愿意

---

① 译文参照康德:《判断力批判》,李秋零译,收于《康德著作全集》(第5卷),中国人民大学出版社,2006年,第452页。——译注
② Kant, "On the Impossibility of All Attempts at Theodicy", in Arendt's translation, quoted in her *Lectures on Kant's Political Philosophy*, ed. Ronald Beiner (Chicago: University of Chicago Press, 1982), pp. 24-5. (译文参照译文参照汉娜·阿伦特:《康德政治哲学讲稿》,曹明、苏婉儿译,第40页。——译注)

再活一遍；而且大多数人会有自杀倾向。

总之，启蒙运动不像评论家想象的那么阳光乐天。启蒙思想家就邪恶这一主题展开长篇累牍的论述，他们的结论显得悲观：世间存在如此多的邪恶。我们很难知道他们对再活一次的反思是否属于调查、自言自语抑或闲谈。然而，一个世纪以后，尼采把这个问题转变成他的哲学的奠基石。他在《偶像的黄昏》(*Twilight of the Idols*)中写道："在一切时代，最智慧的人对生命都作了同样的判断：它毫无用处……从他们的嘴里，人们何时何地听到的是同一种音调，——一种充满怀疑、充满忧伤、充满对于生命的厌烦、充满对于生命的抵抗的音调。"尼采相信这是一种报复。圣人自己既脆弱又颓废。与生活所呈现的挑战不同的是，他们试图创造另一种生活，使我们现在拥有的生活变质并使它看起来像一个灾难故事。"如果不能让此时此地的生活变得更糟糕，超越之物还有什么意义呢？"（同上书）基督教是这一倒置最显然的例子，但尼采称基督教是大众的柏拉图主义；他认为在他之前出现的所有哲学都使我们蔑视生活本身。

所以他提出了一个设想：不要把时间和自己在时间里的生活想象成上升或前行至救赎的某个点的线性事

物。相反,让我们想象轮回:每一时刻不断重演,永无止境。想一想具体的境况——疼痛、心肌梗塞以及所有让你考虑也许死了反倒更好的事情。你能永远不断地过那样的生活,接纳一切内容和偶然性吗?如果你的回答是肯定的,那你就比斯多葛主义者要强大得多,他们只是敦促我们接受命运。尼采要求我们热爱生活。你对这个问题的回答对于你的灵魂来说至为关键。强大高贵的精神能够确保他们现在的生活永恒轮回;奴性愤懑的精神会在这个想法面前畏首畏尾。

尼采有时候把永恒轮回纳入宇宙论。我在别处论证过,尼采的永恒轮回对神学提出了有力的挑战,尽管它受到尼采所蔑视的斯多葛学派和基督教的影响。[1] 但尼采的设想可以作为我们的一个工具。假如你经常问自己:我要再过一遍这样的生活吗?(不是尼采要求的一次又一次的重复。再来一次就足矣。)如果像休谟那样回答——不要让生命中的最后十年重来一遍,接下来的日子肯定会更美好——那么你最好去工作。你所做的选择中有多少是真正确定的呢?你生活中哪些方面

---

[1] 参见 Neiman, *Evil in Modern Thought*, chapter 3。

是可变的,而哪些方面你想让它们保持不变?这和美好的新年愿望无关。这是自我发问,如果你关切成长就会向你的父母和你的文化提出同样的问题。**哪些部分是真正属于我的**?如果你继承了你从未真正拥有过的遗产,你甚至不知道你能自己思考的事情是何等之少。

我明白了这一点。在与自己和解的状态下,如果我们不断地追问,这样的生活是不是我们想要的生活,而在得出否定答案的情况下有所作为,那么,我们就可以推进康德的前后一贯、与自己协和一致的原则,如果答案是否定的,那么就应该做点什么。已经过去了的反倒没什么问题,有问题的是我们眼下要过的生活。人们拒绝成长不正是因为成长意味着衰老吗?

如果可以变老,那么你很幸运。另外一种可能性是年纪轻轻就死去。

高唱"希望我在年老之前死去"的实际上说的不是他们那一代人;这是种非常古老的情感。波伏娃的《成年》把这一说法追溯到公元前2500年古埃及哲学家兼诗人普塔霍特普(Ptahhotep)。

> 一个垂暮的老人最后的时日是多么痛苦凄惨!
> 他日渐衰弱;视力越来越模糊,耳朵越来越聋;力气

越来越小;越来越沉默寡言,无法得到内心的安宁。脑力日渐衰退,今天已记不清昨天的事。浑身骨头酸痛。不久前乐于做的事情已变得异常痛苦;吃什么都索然无味。衰老是折磨人类最糟糕的霉运。(《成年》,第92页)

波伏娃的研究雄心勃勃,她从内而外地探索老年,考察社会对待老年人的做法和态度并且区分从史前时期到20世纪中叶个人看待老年的不同观点。令人不安的是,几乎每一代人都有成文的共识:年老比死亡更糟糕。但也有一些例外。《成年》涵盖了不同的文化,在某些文化里,老人会被仪式性地杀死或抛弃,而在另外一些文化里,年老意味着尊敬和荣耀。大体上,波伏娃认为在一种文化里如果孩子的地位很高,那么老人的地位也会很高,因为被善待的孩子与父母之间的纽带很强,足以抵制诱惑,不会抛弃劳动力差的老者——甚至是在老年人不仅会消耗稀少的资源,还拖累了群体迁徙的游牧社会。她认为,老年问题在于,老年人的地位从来不是他们从年轻人那里赢得的,而是由年轻人给予他们的,正如她在《第二性》中所说,女人的地位是由男人给予的。波伏娃强调不同阶层的人有着非常不同的年老状态。受过良好教育且富有创造力的人即使到了八十多岁,生活还是充满创造力和开拓性,但体力劳动者的世界到了老年就会收缩。这不仅与贫穷有关,虽然她也让我们注意到,有些人没钱买公交车票或在小酒馆买上一瓶啤酒,所以他们的活动非常受限。更糟糕的是:

> 老年的悲剧相当于对整个残缺不全的生活系统提出根本性非难,这一系统使生活在其中的芸芸众生找不到活下去的理由。劳动和疲倦感隐藏了这一空虚;这两者褪去之后,空虚就浮现了。空虚比无聊要严重多了。工人一旦变老就完全失去了自己的位置,因为实际上他从未真正占有过一席之地。他不但没有位置,而且也没有时间去争取他的位置。当他意识到真相的时候便会陷入迷惘和绝望。(《成年》,第 274 页)

波伏娃描述的老年悲剧与古德曼所说的青少年悲剧极其相似。我们没有创造一个使明智之人希望成长或变老的世界。毫不奇怪,波伏娃和古德曼得出的结论也极其相似:

> 年老揭露了我们整个文明的失败。如果我们希望老年人的状态是可以接受的,那么人类整体必

须重置,人与人之间的一切关系必须重铸……整个系统就是问题之所在,我们除了从根本上改变生活本身以外别无选择。(《成年》,第 543 页)

波伏娃坚信年老问题在起源上至少既是生理的也是社会的,她的见解非常有道理。她对老年人地位和女性地位的比较研究让我们看到了真正的希望。我们很容易看到,延续至 21 世纪的男权结构在世界上某些地区引发的问题仍然非常严重。然而,不可否认的是,过去的五十年里男人和女人之间的关系发生了空前的改变。我们现在对两性之间可能性的探索是波伏娃其时难以想象的,虽然她的《第二性》正是致力于拓宽这一可能性的著作之一。随着人均寿命和经济结构的改变,也许你会发现我们自身正在响应卢梭的话,"我们不知道自己的天性允许我们成为什么样的人",并且追随他探索天性的限度。

然而,即使是尽最大的努力自己思考的人,其可能性也会受到他人预期的影响。波伏娃描述对老年的讥讽冲动,这类讥讽从古希腊及古罗马以来便充斥着每个历史时期,令人既心寒又困惑。人们讨论年老这个话题时经常流露出的鄙视、嘲弄和强烈反感,这比以下现象更难理解:一些男人仍然看不起女人,在某些社会少数族裔依然得不到尊重。因为和身为女人或拥有不同的肤色不同,如果我们不至于太不幸,年老是每个人都逃脱不掉的宿命。

我们可以在大量的挖苦中找出些不错的例子。在今天,某位摇滚巨星过几十岁生日或巡回演出之类的消息是很受欢迎的。《纽约时报》刊登了一则消息:

> 只要看看他们:抽着大麻的老头和老太,浑身皮肉下垂,显得可悲又多余,性欲减弱,步伐孱弱,靠着伟哥和立普妥挨日子。婴儿潮时期出生的人——数量庞大。还有比这更糟糕的吗?……为七千六百万出生于1946—1964年间的美国人带来优雅、尊严或地位的出路在哪里?[①]

欧洲媒体提出的问题很可能更令人恶心:婴儿潮时期出生的人现在不是应该接受被时代淘汰而把舞台让给别人吗?我常常纳闷为什么这个时代才华横溢的人拒绝离开舞台会引起人们的愤怒——凡是近期看过鲍勃·

---

① Timothy Egan,"Septuagenarian Strut",NYTimes. com,25 July 2013,opinionator. blogs. nytimes. com/2013/07/25/septuagenarian-strut/?_php =true&_type =blogs&_r =0.

迪伦(Bob Dylan)、莱昂纳德·科恩(Leonard Cohen)或者布鲁斯·斯普林斯汀(Bruce Springsteen)的演唱会的人就会知道他们绝非哗众取宠。相反,这些艺术家已经向我们展示了人可以走得多远,创造力可以持续多久,他们战胜了失败和挫折、多余和过失——继而为我们树立了如何成长的榜样。这样的人之所以引起愤怒是因为我们太懒、过于胆小而不能自己成长吗?或是我们串通一气给年轻人传递一条信息(同时我们自己将它内化),告诉他们生活能留住什么呢?十八至三十岁之间的人常被告知,他们处在生命中最好的年华,尽管这十年往往是最艰难的——在结构性规范和经济稳定性瓦解的时代,这一时期尤为艰难。但是,人们不是鼓励年轻人下决心成长,从而克服其间复杂的怀疑和挣扎,相反,年轻人听到的只是,成年之后的状态不会更好。"享受生命中最美丽的岁月"听起来令人愉快,但是这隐含了不祥的信息:接下来的岁月只会更糟糕。

看看关于成年的大多数讨论,你会发现很多人提到了"莎士比亚的人生七阶段";在谷歌搜索一下这个词条,你可以找到1.96亿个链接。事实上,早在莎士比亚之前就有人把人生分为七个阶段,但大多数人知道莎剧中著名的台词,第一句是:"全世界是一个大舞台"。接下来的这句非常悲观:所有的男男女女不过是一些演员,意味着我们人生的剧本是既定的,生命的每个阶段也是命定的。更糟糕的是:我们能扮演的每个角色都是既痛苦又荒唐。婴儿只会啼哭呕吐,学童在上学的路上踟蹰,情人只能叹息,写些愚蠢的诗句,士兵追求的荣耀可能会让他丧命,直到可悲的生命最后阶段,演员一无所有。下面是完整的台词:

> 全世界是一个舞台,所有的男男女女不过是一些演员;他们都有下场的时候,也都有上场的时候。一个人的一生中扮演着好几个角色,他的表演可以分为七个时期。起初是婴儿,在保姆的怀中啼哭呕吐。然后是背着书包、脸蛋粉嫩的学童,像蜗牛一样慢腾腾地拖着脚步,不情愿地呜咽着上学堂。然后是情人,像炉灶一样叹着气,写了一首悲哀的诗歌咏着他恋人的眉毛。然后是一个军人,满口发着古怪的誓,胡须长得像豹子一样,爱惜着名誉,动不动就要打架,在炮口上寻求着泡沫一样的荣名。然后是法官,胖胖圆圆的肚子塞满了阉鸡,凛然的眼光,整洁的胡须,满嘴都是格言和老生常谈,他这样

扮了他的一个角色。第六个时期变成了精瘦的趿着拖鞋的龙钟老叟,鼻子上架着眼镜,腰边悬着钱袋;他那年轻时候节省下来的长袜子套在他皱瘪的小腿上显得宽大异常;他那朗朗的男子的口音又变成了孩子似的尖声,像是吹着风笛和哨子。终结着这段古怪的多事的历史的最后一场,是孩提时代的再现,全然的遗忘,没有牙齿,没有眼睛,没有口味,没有一切。(《皆大欢喜》,第二幕,第七场)①

对于诸如"生活很糟糕,然后你死了"这样的现代标语,我们很难找到比上文更可怕的注解了。

当下某些引用莎剧台词的著述试图让莎士比亚的打击变得温柔一些。《今日心理学》(*Psychology Today*)指出,与莎士比亚的时代相比,现代人的寿命更长;我们可以去健身房健身,利用现代牙科医术使牙齿更健康。另外一些人则喜忧参半。莎士比亚通常被认为是普遍智慧的源泉——他上天入地提出很多洞见,所探究的领域远非哲学所能想象——他用生花妙笔表达人类的生活

---

① 译文参照《莎士比亚戏剧全集(第二卷)》,朱生豪等译,北京:人民文学出版社,1994 年,139—140 页。——译注

既空虚又荒唐，引人信服。可以肯定的是，康德曾告诫我们，理性有权利，甚至也有义务去质疑权威；关于成年的那种观点确实是莎士比亚提出的，然而是错误的。不过，我们还是重新读一下上面这段台词，毕竟与莎士比亚交锋是件可怕的事。我重新拿起《皆大欢喜》，几十年前我看过，早已不记得内容。

我有了新的发现。上面那段话出自侍臣杰奎斯之口，这个人说自己"可以像黄鼠狼吸食鸡蛋一样吸收歌曲中的愁绪"。他把自己的忧伤描述太过，以至于显得有点滑稽，这就是为什么剧中其他人物都没把他当回事的原因。他的忧郁最终成了喜剧手法。实际上，杰奎斯的忧郁太过极端，显得滑稽可笑，但他在剧中是必不可少的。如果没有他，这个剧的后半部分就显得太伤感了。他的声音很重要，因为这是真实的世界，不是在阿卡狄亚或者阿登高地森林。莎士比亚的智慧在于事实上他能完美地表达这样的声音——正如我们看到的，这样的人生观太过平庸——而且以一场双重婚礼作为圆满结局。毕竟，这是喜剧。

莎士比亚非但不认同杰奎斯，反而嘲笑他。事实上，著名的人生七阶段说是在该剧的主人公奥兰多背着奄奄一息的侍从亚当出场之前说的。亚当对于年老的看法与杰奎斯大相径庭：

> 我虽然瞧上去这么老，可是我的气力还不错；因为我在年轻时候从不曾灌下过一滴猛烈的酒。

（第二幕，第三场）

亚当遵循了我们在现代养老手册上都可以找到的节制饮食的建议，最后他说："所以我的老年好比生气勃勃的冬天，虽然结着严霜，却并不惨淡。"

紧接着，他的行动证明，杰奎斯所描述的画面——老人又蠢又无用——是不对的，而我们把生命理解为注定痛苦的旅程也是不对的。也就是说：杰奎斯对于生命周期的看法不能使我们洞见莎士比亚对于生命周期的看法，正如麦克白夫人的独白不能使我们洞见莎士比亚的道德观。为什么每一代读者都纷纷鉴定杰奎斯的立场和莎士比亚是一致的，用莎翁的权威来照出人类生活最悲凉的画面呢？

写这本书的时候，我广泛地阅读，所列的书目相差极大、题材迥异，毫无系统可言，但实际上我从每本书上都学到了一些东西。一年来，我的书桌上堆满了研究成功变老的童年史作品、生命周期心理学调查、社会学专著以及《道林·格雷的画像》(*The Picture of Dorian Gray*)。它们当中还有一些我已熟知但想再读一遍的哲学书。这种多样性和我的观点是一致的:太多的当代哲学因为与其他学科相孤立而受到了损害,这和早先的哲学大不相同。(康德不仅阅读广泛,还在大学里开课讲授地理学、人类学、心理学、数学和军事战略——甚至还有烟火制造术。)虽然没有一根线可以把这些学科全都串起来,我们还是可以看到哲学家所写的书和非哲学家所写的书之间的差异。大多数经验性的著作致力于厘清成年问题的某些方面。它们讨论何种教育模式更好,何种态度面对老年或政治活动新模式更加健康。它们表明关于人生意义的正确观点可以帮助士兵提高应对创伤的能力,或者帮助人们扩充财富,提升影响力。当你合上这些书的时候,会感到这些问题即使没有解决也总是有办法对付的。相反,哲学作品看起来只是把问题变得更复杂了。这有什么道理呢?

在本书的开头,我就声明哲学可以帮助我们找到不至于迫使我们妥协屈从的成年方式。哲学要做到这一点,只有向我们展示成年比我们所想象的更难。哲学对真正的问题给出的解决办法,首先是揭示我们在多大程度上忽略了这个问题。美国哲学家斯坦利·卡维尔（Stanley Cavell）倡议成年需要哲学教育。他的解释清晰地阐明了哲学是如何帮助我们成长的——以及为什么我们倾向于排斥哲学的帮助。我们要学的不是知识。"而是要学习如何再思考。所谓再思考，除了澄清（例如，解释）的意思之外，它所要传达的核心观点在于，你已经知道是什么使你远离你自己。"（《斯坦利·卡维尔与成年人教育》（Stanley Cavell and the Education of Grown-ups），第 209 页）

哲学努力解答的是一些孩子们会问而大多数大人认为已经解答了的问题。**我为什么要长大？为什么要遵守规则？为什么要接受教育？我怎么知道？怎么找到意义？怎么创造自己的生活？** 这些问题都可以用一句话打发掉，给出解答或者反驳。然而，当你提出这些问题并带着它们真正要求的关注时，你可能会感觉到如卡维尔写道：

> 我前面所说的结论不是我得出的结论，而只是我接纳的通常的结论。也许我会通过伪善、讥讽或胁迫来弱化这一领会。但是我也可能利用这个机会使自己重新回归到自己的文化，追问为什么我们

要做我们所做的,判断我们所判断的,以及我们是如何走到这些交叉口的。我们的习俗的自然基础是什么,它们为了什么?……在奥古斯丁、路德、卢梭和梭罗提出的问题面前,我们是孩子;我们不知道该如何继续探究这些问题,我们又有什么样的基础呢。就此而言,哲学成了成年人的教育……对于教授和认真交流的焦虑在于我自己需要教育。对成年人来说,这不是自然成长,而是改变。(《理性的要求》[*The Claim of Reason*],第 125 页)

哲学一开始让事物变得更困难,进而呈现事物整体。上面提出的所有问题都必须逐个回答,但是任何孤立的答案都是错误的。政治维度必不可少。它要求我们看到最好的动机背后的东西。康德指出,不仅是统治者而且还有父母都想教育孩子怎么应对所处的世界;然而,在理想状态下,教育要让他们准备好去创造一个更好的世界。我已经说过,哲学在本质上是规范性的。好的哲学意识到这一点,与此同时,它也会从必定令人失望的描述中学到东西。既然任何描述都发生在历史之中,那么它涉及的问题就不是永恒,但可以有很长的生命。因此,康德的作品以其特有的方式触动你,这是十八世纪大多数科学作品都无法做到的。哲学和文学有这样一个共同点。

我已经说过,把成长过程描绘成注定走下坡路的画面受到利益各方的支持,而它们是与我们的成年相对抗的。悲剧在于我们,不断与之共谋,试图证实那样一幅实际上并不存在的画面。我们误读了《皆大欢喜》,盲从我们的命运受诅咒的观点。正是这样的事情迫使康德说我们的不成熟要归咎我们自己,并鼓励我们要有通过成长摆脱之的勇气。我们需要勇气去对抗所有依然抵制成熟的力量,因为真正的成年人不再因面包或马戏团分散注意力。不再被小玩意迷惑,也不再因为没有经验而感到羞愧,我们能更好地观察我们所见到的,也能更好地说出来。我们?我们所有人,包括本书作者。这是一场永无休止的革命。哪位想鼓动它?

图书在版编目（CIP）数据

为什么长大/(美)奈曼著;刘建芳译;刘梁剑校.
-上海：上海文艺出版社.2016.4(2025.5重印)
("地铁上的哲学"丛书)
ISBN 978-7-5321-6031-0
Ⅰ.①为… Ⅱ.①内…②刘…③刘… Ⅲ.①哲学-通俗读物
Ⅳ.①B-49
中国版本图书馆 CIP 数据核字（2016）第 054625 号

出 品 人：毕　胜
责任编辑：肖海鸥
封面手绘：顾　湘
版式设计：周志武
封面设计：钱　祯

为什么长大

〔美〕苏珊·奈曼 著
刘建芳 译　刘梁剑 校
上海世纪出版集团
上海文艺出版社　出版
上海市闵行区号景路 159 弄 A 座 2 楼　201101
上海世纪出版股份有限公司发行中心发行
上海市闵行区号景路 159 弄 A 座 2 楼 206 室　201101
苏州市越洋印刷有限公司印刷
开本 787×1092　1/32　印张 7.5　插页 5　字数 111,000
2016 年 4 月第 1 版　2025 年 5 月第 12 次印刷
ISBN 978-7-5321-6031-0/B・52　　定价：58.00 元

告读者　如发现本书有质量问题请与印刷厂质量科联系
T：0512-68180628